Edith Anna Kirchberger
Jürgen Höller

Wir schaffen es, Bello!

Edith Anna Kirchberger
Jürgen Höller

Wir schaffen es, Bello!

KOSMOS

Impressum

Umschlag von eStudio Calamar unter Verwendung eines Farbfotos von IFA/Rügner (Vorderseite).

Mit 13 von Andreas Karlich (30u), Archiv Kirchberger (29o, 84), Karl Kirchberger (29u, 30o, 47o, 47u, 48u, 65o), Erika Prinz (S. 48o, 65u, 66) und Helga Schramm (S. 83).

Bibliografische Information Der Deutschen Bibliothek
Die Deutsche Bibliothek verzeichnet diese Publikation in der Deutschen Nationalbibliografie; detaillierte bibliografische Daten sind im Internet über http://dnb.ddb.de abrufbar.

KOSMOS Postfach 10 60 11
D-70049 Stuttgart
TELEFON +49 (0)711-2191-0
FAX +49 (0)711-2191-422
WEB www.kosmos.de
E-MAIL info@kosmos.de

Alle Angaben in diesem Buch erfolgen nach bestem Wissen und Gewissen. Sorgfalt bei der Umsetzung ist indes dennoch geboten. Der Verlag und die Autoren übernehmen keinerlei Haftung für Personen-, Sach- oder Vermögensschäden, die aus der Anwendung der vorgestellten Materialien und Methoden entstehen könnten.

Gedruckt auf chlorfrei gebleichtem Papier

ISBN 3-440-09862-1
Redaktion: Angela Beck
Gestaltungskonzept: Isabell Schart
Gestaltung: TypoDesign, Kist
Produktion: Kirsten Raue, Markus Schärtlein
Printed in Czech Republic / Imprimé en République Tchèque

Inhalt

Vom Glück, mit einem Tier zu leben

Als mich die überaus sympathische Chefredakteurin der wunderschönen Zeitschrift „pro Hund", Edith Kirchberger, auf der Welser Messe nach meinem Vortrag „Wie komme ich gesund und fit durch den Winter" interviewte und dann um einen Beitrag für ihr Blatt und ihr neues Hundebuch bat, da überlegte ich zuerst und dachte: „Was soll ich in einem Magazin, in dem es um den Hund geht, schreiben? Ich habe vier zahme Ziegen, ein Schaf und zwei wundervolle Katerchen. Ich habe keinen Hund. Meine Nachbarn haben Hunde. Mein Sohn Hadschi Bankhofer, vielen als Reporter im ORF bei Radio Wien bekannt, hat einen bezaubernden und bemerkenswert klugen Dackel mit Namen Daniel. Was aber soll ich in der Zeitschrift ‚pro Hund' schreiben ...?"

Meine Nachdenkpause war nur sehr kurz. Denn mir war bald klar: Es geht dabei gar nicht allein um den Hund. Fast alle Hunde-Besitzer sind Tierfreunde auf breiter Basis. Daher möchte ich nicht ausschließlich über den Hund, sondern über das Tier als Lebenspartner des Menschen im Allgemeinen einiges festhalten:

Jeder, der mit einem Tier leben darf, der weiß, welche Lebensqualität daraus entsteht, wie wunderbar es ist, in die Augen des geliebten Lebewesens zu schauen, seine Nähe zu spüren, seine Zuneigung zu erleben. Jeder, der einmal von einem Tier Abschied nehmen musste, weil es alt und krank war oder weil es auf der Straße oder durch Tierhasser ums Leben gekommen ist, der weiß, wie leer und seelenlos eine Wohnung ohne den geliebten Gefährten sein kann. Das ist ja auch die Erklärung dafür, dass man immer wieder ein neues Tier zu sich nimmt, um das andere ohne tiefe Trauer in Erinnerung behalten und um wieder neue seelische Freude spüren zu können.

Die meisten von Ihnen, liebe Leser, kennen mich aus dem Fernsehen und Radio, vielleicht auch von meinen Zeitungsberichten und Ratgeber-Büchern. Da vermittle ich Ihnen immer Themen und Tipps für die Gesundheit, sowohl für die Prävention als auch für die Behandlung von Beschwerden mit natürlichen Kräften.

Lassen Sie mich daher bitte auch das Thema „Mensch und Tier" aus der Warte des gesunden Lebens betrachten. Ein Haustier oder ein Tier, mit dem man sich intensiv beschäftigt, ist eine Naturarznei von ganz besonderer Qualität:

- Man weiß aus zahllosen wissenschaftlichen Studien, dass Menschen, die ein Haustier haben, ein weit aus geringeres Risiko haben, einen Herzinfarkt und einen Schlaganfall zu bekommen.
- Man weiß aber auch, dass Tierfreunde, die voll Freude mit ihrem Liebling durchs Leben gehen, ein weitaus stärkeres Immunsystem als jene Menschen haben, die allein leben und kein Tier besitzen.
- Frauen und Männer sind nach einem Herzinfarkt weit weniger gefährdet, einen neuen zu bekommen, wenn sie mit einem Tier leben. Das ergibt sich speziell beim Hund allein schon aus der Tatsache, dass man mehr Bewegung hat und täglich ein bis zwei Mal aus der Wohnung gehen muss.
- Es gibt Berichte von Ärzten und Psychologen sowie Neurologen, die nachweisen: Ältere Menschen, die täglich für ein geliebtes Tier sorgen müssen, sind geistig überaus fit und blei-ben das auch bis ins hohe Alter. Die Erklärung: Sie tragen die Verantwortung für ein Lebewesen, müssen an Futter, an Impfungen und an vieles andere mehr denken.
- Einsame ältere Menschen verlernen nicht die Kommunikation, wenn sie mit einem Tier leben. Sie sprechen meist mit dem Tier. Das hilft, dass man nicht in soziale Isolation verfällt. Außerdem haben Tierfreunde, die einander begegnen, immer einen wunderbaren Gesprächsstoff. Jeder erzählt von seinem Liebling.
- Wir wissen, dass Kinder, die mit Tieren aufwachsen, viel mehr das Leben allgemein schätzen und achten lernen. Kinder,

die ein Tier um sich haben, sind fröhlicher, unkomplizierter, haben mehr Energie.

- Aber auch Menschen, die selbst kein Tier besitzen, profitieren von der heilenden Kraft des Mensch-Tier-Kontaktes. Kranke Frauen und Männer in Kliniken und Pflegeheimen leben förmlich auf, können wieder lachen und sind schneller gesund, wenn sie ein Tier streicheln dürfen. Es gibt daher oft in Krankenhäusern und Heimen Stunden, in denen die Patienten mit Tieren beisammen sein können.
- Aber auch in Altenheimen hat es sich gezeigt, dass alte Menschen fröhlicher und gesünder sind, wenn sie regelmäßig Tiere sehen und streicheln dürfen. Manche Heime haben Tiere im Haus: Hunde, Katzen, Vögel, Hamster. Und all diese Tiere sind die Lieblinge der Heimbewohner.

Nobelpreisträger Prof. Dr. Konrad Lorenz, den ich noch persönlich gekannt habe, hat einmal zu mir gesagt: „Ein Tier im Haus oder Garten ist wertvoller als alle Medikamente der Welt. Denn es trägt enorm viel für unsere seelische und körperliche Gesundheit bei!"

Ich kann das nur voll und ganz bestätigen. Ich habe, seit ich lebe, immer Tiere um mich. Und ich könnte es mir auch nicht anders vorstellen. Die Nähe meiner Tiere gibt mir Kraft, bringt mir Entspannung. Wenn ich meine beiden Kater Timmi und Tommi streichle, wenn ich von meinen vier Ziegen Sari, Stefanie, Sophie und Marie und meinem Schaf Mausi umringt werde und sie der Reihe nach umarme und spüre, wie sie ihren Kopf an mir reiben, dann baue ich allen Streß der Welt ab, sammle neue Energie. Und ich spüre es, was sicher auch Sie spüren: Wer mit einem geliebten Tier seine Freizeit teilen darf, der produziert massenweise Glückshormone im Gehirn. Und das bedeutet: glücklich und zufrieden sein, positiv denken, die natürlichen Abwehrkräfte stärken, gesund bleiben oder schnell wieder gesund werden ...!

Prof. Hademar Bankhofer

Vorwort

Liebe Leserin, lieber Leser,
herzlichen Glückwunsch, dass Sie dieses Buch gerade in den Händen halten und lesen werden. Dieses Buch ist ein Meilenstein, ja, wir gehen sogar so weit zu sagen, eine Revolution in der Beziehung des Menschen zum Hund (und umgekehrt). Sie benötigen aber auch eine gehörige Portion Mut, um dieses Buch zu lesen, denn in diesem Buch räumen wir mit vielen veralteten Ansichten und überholten Einstellungen über die Hundeerziehung auf.

Wenn Sie dieses Buch lesen und die darin beschriebenen Strategien und Techniken anwenden, müssen Sie Ihre bisherige „Komfortzone" verlassen. Manches, von dem Sie geglaubt haben, es sei besonders gut oder wichtig, werden Sie durch neue Techniken ersetzen müssen. Dazu benötigen Sie Mut – und Selbstbewusstsein –, denn nur ein selbstbewusster Mensch ist in der Lage, Neues zu wagen:

> **! *Wer neue Länder entdecken will, muss zuvor die alten, bekannten Gewässer verlassen!***

Hier einige Beispiele, was wir damit meinen:

- Hören Sie auf, Ihren Hund zu bestrafen, sondern motivieren Sie ihn zum Erfolg!
- Denken Sie noch, ein „Zeitungs-Klaps" sei ein probates Mittel der Hundeerziehung? Vergessen Sie es!
- Halten Sie es für eine „natürliche Erziehungsmaßnahme", Ihren Hund am Nackenfell zu packen und zu schütteln (so wie es in der Natur angeblich üblich ist)? Blanker Unsinn!

Wer aber sind wir, die Autoren, die es sich erlauben, diesen und vielen anderen Dogmen und Paradigmen in der Hundeerziehung zu widersprechen? Nun, stellen wir uns also gegenseitig vor: **Edith Anna Kirchberger** gilt heute in Österreich als die wohl bekannteste Hundeexpertin. Über sie wurde schon Hunderte von Malen in Presse, Radio und TV berichtet, und sie hat dort auch ihre Kolumnen veröffentlicht. Gleichzeitig ist sie Gründungsmitglied und Vorsitzende des österreichischen Verbandes „pro Hund".

Unter anderem ist Edith Anna Kirchberger seit vielen Jahren eine erfolgreiche Hundezüchterin. Die Nachfrage nach ihrem Expertenrat, ihren Seminaren und sozialen Tätigkeiten ging rasant in die Höhe. Um sich besser auf die neuen Aufgaben konzentrieren zu können, widmete sich Edith Anna Kirchberger im Jahr 2003 neuen Bereichen. Die Hundezucht leitet heute ein geschultes Team unter ihrer Aufsicht und Kontrolle. Aus guten Gründen fühlt sie sich nur Hunden und verantwortungsvollen Hundefreunden verpflichtet.

In den Seminaren von Jürgen Höller hat sie ein wirkungsvolles Prinzip der Selbstmotivation entdeckt, die „Begeisterung". Menschen, die begeistert sind, haben kaum Probleme, sich aufzuraffen, anzupacken, loszulegen. Es fällt ihnen auch viel leichter durchzuhalten, wenn der Weg holprig wird. Sie geben nicht so schnell auf, weil sie aus ihrer Überzeugung, etwas Tolles zu machen, und aus ihrer Liebe zur Sache unglaublich viel Kraft ziehen können. Sie motivieren sich und Ihren Hund am besten, indem Sie sich für das, was Sie tun, begeistern!

Vor einigen Jahren begann Edith Anna Kirchberger damit, die Motivations-Seminare von Jürgen Höller zu besuchen, setzte einige der dort gelernten Strategien und Techniken in ihrem eigenen Bereich ein – und hatte damit großen Erfolg! Dadurch entstand dann die Idee zu diesem gemeinsamen Buch.

Jürgen Höller gilt als der wohl bekannteste Motivationstrainer Europas. Fast eine Million Menschen hat er bis heute live in seinen Seminaren geschult, darunter auch zahlreiche Wirtschaftskapitäne, Spitzensportler, Politiker und Showstars.

Aus unseren beiden Fachgebieten entstand dieses völlig neuartige Hundebuch. Hier einige Einblicke in die Methode, die Sie in diesem Buch kennen lernen werden. Erfahren Sie:

- Wie wissenschaftliche Methoden aus der Motivationsforschung auch auf den Hund übertragbar sind, z.B. Neurolinguistisches Programmieren (NLP).
- Wie Sie sich Ziele setzen und sie erreichen: Für den Menschen genau so wichtig wie für den Hund!
- Dass Mensch und Hund zwei Haupt-Motivationsknöpfe haben, die Sie „drücken" können. Sie heißen: „Schmerz vermeiden" sowie „Freude und Glück erlangen".
- Wie Mensch und Hund neue, positive Gewohnheiten bilden können.

Sie erhalten darüber hinaus in diesem Buch eine Fülle von praktischen und leicht umsetzbaren Tipps: Vom Kauf des Hundes über die so wichtigen ersten Tage im neuen Heim, die artgerechte Erziehung, dieKörpersprache bis hin zum Umgang mit dem Hund, Pflege des Hundes, Ernährung, richtige Bewegung und vieles mehr.

Wir haben beim Schreiben dieses Buches großen Wert darauf gelegt, es Ihnen so einfach wie möglich zu machen und es gleichzeitig interessant und mit viel Spaß zu erstellen. Das Lesen soll Ihnen genauso viel Freude bereiten wie die Motivation Ihres Hundes.

Herzlichst
Ihre Edith Anna Kirchberger und Jürgen Höller

Wie denkt der Hund?

Jede Reise beginnt mit dem ersten Schritt!

Sie kennen alle die Fernsehserien „Rex“, „Lassie“ und all die anderen. Aber so sind Hunde leider nicht wirklich. Für diese Serien sind viele verschiedene Hunde verwendet worden, und ein jeder konnte ein paar für ihn typische Kunststücke.

Mit dem Verhalten dieser Hunde in unseren Köpfen wachsen wir auf, und die Missverständnisse sind somit vorprogrammiert. Wir glauben zu wissen, alles richtig gemacht zu haben – bis zu dem Zeitpunkt, an dem nichts mehr so richtig funktioniert. Aber auch dann sind wir gut im Erfinden von Ausreden (und weisen die Schuld dem Hund zu).

Zum besseren Verständnis möchte ich Ihnen erklären, warum Hunde nicht in dem Ausmaß wie Menschen denken können. Meine Ausführungen sind vereinfacht und wenden sich an den Laien. Menschen und Hunde haben folgende Gehirnbereiche: Großhirn (Denkhirn): rationale Bewertung, Eindrücke werden verarbeitet, Emotionen, Lernen. Zwischenhirn: Kontrolle von Bewegungen. Mittelhirn: Reaktion auf bewegte Stimuli, Töne (hören), Kontrolle der Augen, Schlaf und Erregung, Schmerzempfindung. Kleinhirn mit der Ponds: Hat etwas mit Bewegung zu tun und mit dem Halten des Gleichgewichtes. Gehirnstamm: Kontrolle der Vitalfunktionen, Schlaf und Erregung (eher undifferenziert).

Das Denkhirn ist beim Hund nicht so entwickelt wie bei Menschen, auch die Größe und die Differenzierung des Gehirnes. Er hat weniger neuronale Nervenverbindungen und Hirnwindungen und ist zu Denkleistungen, wie Menschen sie vollbringen können, nicht fähig. Der Verstand des Hundes könnte etwa mit dem eines ein- bis dreijährigen Kindes verglichen werden. Daher können Hunde nicht in der Weise denken und kombinieren, wie es wir Menschen können. Das Gedächtnis und Kombinationsdenken fehlt dem Hund, daher ist er auch nicht nachtragend. Wir sind deshalb für den Hund so unberechenbar, weil wir nachtragend sind. Er versteht es nicht, wenn wir im Nachhinein schimpfen. Er sieht den Zusammenhang nicht.

Der Hund ist nicht nachtragend – aber er versteht es auch nicht, wenn wir ihn im Nachhinein schimpfen.

Dafür hat Ihr Liebling etwas, was wir nicht haben: Einen ganz besonders ausgeprägten Instinkt. Es ist aber nicht so, dass wir Menschen keinen Instinkt hätten. Naturvölker haben einen ausgeprägten Instinkt, nur ist dieser in unserer Kultur vom Verstand (= Ratio) überdeckt. Der Hund hat diese Ratio nicht, weil seine Gehirnstrukturen weniger differenziert sind. Er hat wesentlich weniger Schaltverbindungen als wir und kann dadurch nicht kombinieren. Das ist wie ein Spinnennetz, wo von der Mitte aus die Seitenstränge fehlen. Sie können daher nicht von jedem Punkt überall hin kommen. Sie müssen Umwege gehen. Ihr Hund lernt durch ständiges Wiederholen, wir dagegen kombinieren.

Der Hund kann nicht kombinieren!

Geben Sie niemals auf!

Es gibt nur zwei Möglichkeiten,
um zu versagen:
1. Nie anfangen.
2. Unterwegs aufgeben.

Jürgen Höller

In diesem Buch geht es um die Motivation Ihres Hundes (und auch ein bisschen um Ihre eigene ...). Was aber bedeutet eigentlich „Motivation“? Nun, von der ursprünglichen Wortbedeutung her kommt Motivation vom Lateinischen „movere“, was soviel bedeutet wie „bewegen“. Bei der menschlichen Motivation geht es also darum, sich selbst (oder einen anderen) zu einem gewünschten Punkt zu bewegen. Dieser Punkt ist dann das Motiv. Ein Motiv kann z.B. ein Ziel sein. Ein Mensch, der Ziele besitzt, besitzt automatisch ein Motiv, auf das er sich – bewusst oder unbewusst – zubewegt. Der Unterschied zum Hund besteht darin, dass der Mensch sich bewusst Ziele setzen kann, der Hund nicht. Wenn demzufolge der Hund, außer die ihm von der Natur vorgegebenen Triebe und Instinkte, keine Ziele haben kann, ist es umso wichtiger, dass der Mensch sich in der Hundeerziehung Ziele setzt, und ihnen, gemeinsam mit seinem Hund, entgegenstrebt.

Hunde bringen die allerbesten Voraussetzungen mit, da sie mit glühender Hingabe darauf brennen, Ihnen jeden Wunsch von den Augen abzulesen. Aber auch nur dann, wenn Sie es verstehen, mit ihm so zu arbeiten, wie es in diesem Buch beschrieben wird.

Ein Hund verhält sich im Prinzip genauso, wie wir Menschen es tun: Er tut etwas nur dann, wenn er einen Nutzen darin sieht. Auf dem Hundeplatz ist es das Spiel, worauf er sich freut. Arbeiten Sie niemals mit Strafe oder Gewalt. Wenn Sie mit Ihrem Hund arbeiten, sollten Sie selbst Spaß haben und die Freude des Hundes sehen können.

Für alles, was der Mensch tut – und auch alles, was der Hund tut –, hat er zwei Hauptantriebsfedern:

1. Schmerz zu vermeiden,

2. Freude und Glück zu erlangen.

Alles, was wir tun, aber auch alles was wir nicht tun, hat seinen Ursprung immer in diesen beiden Beweggründen. Beispiel: Ein Auszubildender fängt in seinem ersten Unternehmen an zu arbeiten. Seine Dienstzeit dauert von 8.00 Uhr bis 17.00 Uhr. In den ersten Tagen jedoch verlässt er immer einige Minuten vor 17.00 Uhr seine Betriebsstätte. Sein Vorgesetzter bemerkt dies und stellt ihn am nächsten Tag zur Rede. Er verdeutlicht ihm, dass dies so nicht geht und dass er davon ausgeht, dass der Azubi in Zukunft seine Arbeitsstelle nicht mehr vorzeitig verlässt. Der Auszubildende hat also einen Tadel erhalten, was ihm emotionalen Schmerz verursacht. Diesen Schmerz versucht sein Unterbewusstsein zukünftig zu vermeiden, d.h. er wird nicht mehr vor 17.00 Uhr seinen Arbeitsplatz verlassen. Vielleicht macht es ihm keine Freude, bis 17.00 Uhr zu bleiben, vielleicht sieht er den Sinn nicht ein – dennoch wird das Vermeiden eines neuerlichen Schmerzes (nämlich dann, wenn der Chef mitbekommen sollte, dass er den Arbeitsplatz trotz Mahnung immer noch vorzeitig verlässt) dafür sorgen, dass er der Anweisung Folge leistet.

Der Hund muss nicht einsehen, dass ein bestimmtes Verhalten von ihm falsch ist – bei entsprechender konsequenter „Belehrung", die ihm ebenfalls ein Unwohlsein (= Schmerz) bereitet, wird er dieses falsche Verhalten nicht mehr zeigen.

Wenn nun der Auszubildende im o.g. Beispiel für einige Tage immer erst eine halbe oder eine Stunde nach Dienstschluss das Unternehmen verlässt, sein Vorgesetzter dies wiederum bemerkt und ihm daraufhin ein Lob ausspricht, weil er sich so für das Unternehmen einsetzt, wird ihm dies eine emotionale Freude bereiten. Sein Unterbewusstsein wird ihm signalisieren: „Du hast länger gearbeitet, dafür ein Lob erhalten, also Freude und Glück empfunden. Arbeite auch in Zukunft etwas länger, und du wirst dieses Lob (= Glücksgefühl) wieder erleben."

Und genauso ist es bei Ihrem Hund: Er zeigt ein bestimmtes Verhalten. Der Hund selbst kann nicht beurteilen, ob dieses Verhalten gut oder schlecht ist. Wenn er aber emotionale Freude (= Belohnung) für sein Verhalten durch Sie zugeteilt bekommt, dann wird er dieses Verhalten wiederholen, um das Lob, die Anerkennung, die Freude wieder zu empfinden.

Lob und Dank machen Mensch und Hund zum Wiederholungs-Täter!

Jürgen Höller

Hunde verstehen unter gutem Benehmen etwas anderes als wir. Sie machen Unsinn, weil es Spaß macht. Sie haben dabei keine bösen Absichten. Wenn er mal Ihren Wäschekorb entdeckt, womöglich Ihr Lieblingsstück erwischt und voller Freude zu Ihnen kommt, dann beginnt für ihn ein Spiel. Er zeigt Ihnen, was er Tolles besitzt. Damit läuft er dann davon. Er fordert Sie zum Mitmachen auf, indem er Ihnen das gute Stück nicht geben will. Mit begeisterten Augen strahlt er Sie an. Wenn Hunde spielen wollen, rennen sie einander nach. Er sieht demnach nicht, dass er das Wäschestück zurückgeben soll, sondern dass Sie mit ihm spielen wollen. Nachrennen ist Aufforderung zum Spiel.

Wenn Sie Ihrem Hund hinterherrennen, glaubt er, Sie wollen mit ihm spielen!

Die Denkweise des Menschen und der Instinkt des Hundes sind zwei verschiedene Dinge. Sie empfinden eine solche Aktion vielleicht als frech oder als groben Unsinn. Dabei gibt es doch noch viel Schlimmeres, das er anstellen kann: Anknabbern von Teppichen, Stuhlbeinen, Vorhängen, Löcher graben, davonrennen, wenn wir ihn hochnehmen wollen, Stehlen vom Tisch usw. All dies tun Hunde nicht, weil sie böse sind, sie tun es, weil sie es immer schon getan haben. Weil es einfach in ihrer Natur liegt.

Natürlich machen sie auch zufällig positive Sachen. Wie z.B. meine Rehpinscherhündin Dypsi. Sie legt sich so süß hin, mit gekreuzten Vorderbeinen. Für uns Menschen sieht das sehr anmutig aus. Ihr ist aber nicht bewusst, dass das anmutig ist, denn „anmutig" oder „entzückend" gibt es in der Welt der Hunde nicht. Wenn wir sie in dieser Pose sehen, können wir gar nicht anders und knuddeln sie ab. Dypsi wird somit von uns motiviert dieses Verhalten immer wieder zu zeigen. Nochmals (weil's so wichtig ist):

! *Lob und Anerkennung macht Menschen und Tiere zum Wiederholungs-Täter!*

Wir neigen dazu, menschliche Eigenschaften wie Gefühle, Motivation, Bewusstsein und Gedanken auf Tiere zu übertragen. So manche sehen es als schwere Entgleisung des Menschen an, zu so tiefen Gefühlen für Tiere imstande zu sein. Vielleicht ist deshalb bei manchen Menschen, die Hunde nicht mögen, der Neid auf die Menschen, die sich für die Gefühle und Gedanken der Hunde interessieren, so groß?

Der Hund besitzt ein ultra-super Kurzzeitgedächtnis, was mit seinen früheren Lebensanforderungen zu tun hat: Wölfe wurden in einen bestimmten Lebensraum hineingeboren, und dazu war eine andere Kombinationsfähigkeit nötig: Sofort auf ein gerade stattfindendes Ereignis reagieren und sich merken, was gerade passiert war. Immer wieder fragen sich die Menschen: Kann das Tier denken? Hat das Tier eine Seele? Aber wie will der Mensch diese Frage richtig beantworten, wenn er von vornherein einen ganz falschen Ansatz hat?

Wer eine Hundeseele fragen will, der muss sie fragen und dann antwortet sie auch. Als Kind hatte ich damit überhaupt kein Problem, vielleicht deshalb, weil meine Kinderseele noch rein und unverfälscht war. Ich war mit Hund und Katz immer

ein Herz und eine Seele. Als Erwachsene hatte ich so eine Fülle von seelenreichen Erlebnissen mit Hunden, so dass sich diese Frage für mich mittlerweile erübrigt.
Eines steht für mich fest: Das Tier ist keine Sache, es ist ein Geschöpf Gottes, wie wir alle, und es ist dem Schutz des Menschen anvertraut. Ein besonderes Gespür und Gefühl hatte ich immer schon für Hunde, die von zuhause ausgerissen waren. So ein Hund war auch Barry, ein riesiger Bernhardiner. Sein Besitzer wollte ihn loshaben und als herrenloser Hund suchte er Zuflucht bei mir.
Ich war damals 12 Jahre alt und durfte in den Ferien immer zu meinen Großeltern fahren. Barry und ich waren unzertrennlich. Als der Abschied nahte, fühlte ich, dass auch der Hund dies spürte, ich las es in seinen Augen. Ich habe diesen Tag bis heute nicht vergessen. Mit tränennassem Gesicht stieg ich in den Autobus und sah im Abschiedsschmerz aus dem Fenster. Barry versuchte ständig in den Autobus zu gelangen, aber er wurde vom Fahrer sofort vertrieben. Wer machte sich schon Gedanken, was dieser Hund empfand? Als sich der Autobus in Bewegung setzte, lief Barry viele, viele Kilometer hinterher, bis er erschöpft auf der Straße zusammenbrach. Wir haben uns nie mehr gesehen ..."

Rosemarie Gura

Es gibt noch heute so viel Gleichgültigkeit oder Unkenntnis über die Verantwortung eines jeden Menschen gegenüber dem Tier. Ist nicht die Zeit angebrochen für eine Neuordnung der menschlichen Einstellung zum Tier? Wir müssen Brücken bauen, nicht nur von Mensch zu Mensch, sondern auch Brücken zur „Kreatur". Das heißt im Tier das Mitgeschöpf zu sehen, einbezogen in unser Leben.

! ***Konrad Lorenz pflegte zu sagen: „Mein Hund ist besser als ich, er würde jederzeit sein Leben für mich opfern."***

Eine solche Erfahrung machte Frau Gura mit ihrer Setterhündin „Leila“. Damals hatte sie auch noch einen kleinen verspielten Pudel. Sie wohnten in Wasserburg und abends, wenn die Kinder schon im Bett lagen, nahm sie sich die Zeit und fuhr mit den beiden Hunden an einen nahen See, um noch ein paar Runden zu schwimmen. Der Strand war abends meistens menschenleer. Sie wollte schon heimfahren, aber der Pudel schwamm noch weit draußen im See. Ihrem Rufen wollte er einfach nicht folgen.

Es blieb ihr nichts anderes übrig, als nochmals zu schwimmen, um den Pudel zu holen. Leila folgte ihr. Plötzlich fühlte sie viele Schlingpflanzen und gleichzeitig eine furchtbare Herzbeengung. Sie konnte ihren linken Arm nicht mehr bewegen und es wurde ihr schwindelig und schlecht. Sie rief Leilas Namen und spürte sogleich den Hundekörper ganz dicht neben sich. Sie hielt sich daran fest und erreichte so mit letzter Kraft das Ufer. Völlig erschöpft lag sie im Sand und bekam einen schrecklichen Schüttelfrost. Ihre Hündin reagierte sofort und legte ihren Körper ganz behutsam und sachte über sie, um sie zu wärmen.

Als es ihr endlich besser ging, stieg sie ins Auto und Leila setzte sich neben sie. Nun wurde ihr bewusst: „Der Hund hat mir soeben das Leben gerettet.“ Mit Tränen in den Augen, voller Rührung und Dankbarkeit, drückte sie Leila an sich und sie kann diesen unvergesslichen Augenblick nicht mit Worten beschreiben. Es war eine Berührung von Seele zu Seele, zwischen Mensch und Tier.

Der unfolgsame Pudel kam nun auch aus dem Wasser und wollte ins Auto springen. Weit gefehlt! Leila sprang wütend aus dem Wagen, packte den Pudel am Genick und schüttelte ihn so heftig, bis er kläglich aufheulte. Für Frau Gura stand fest: Leila bestrafte nun den Pudel, weil er sie durch seine Unfolgsamkeit in Lebensgefahr brachte.

Diese Begebenheit erzählte mir Frau Gura deshalb, weil sie damit sagen will: „Bitte seid gut zu den Tieren. Sie sind wunderbare Geschöpfe, wir müssen für sie sprechen, weil sie es selbst nicht können. Wie arm sind doch unsere Nutztiere, die oft wie Maschinen behandelt werden. Sie sind keine stumpfsinnigen Geschöpfe, die nur Futter brauchen, um laufen zu können. Ich habe oft in die traurigen, anklagenden Augen dieser unglücklichen Geschöpfe geschaut. Solange wir mit den Tieren unmenschlich sind, wird es auch der Menschheit nicht wohl ergehen." (Im Serviceteil des Buches finden Sie die Bezugsquelle der ungewöhnlichen, rührenden CD „SOS für Tiere" von Rosemarie Gura.)

Der Hund ist wirklich der beste Freund des Menschen. Ein Hund ist nicht nur etwa ein „Besitz", sondern er ist ein Hausgenosse, ja ein Gefährte. Vielleicht der treueste Gefährte, den Sie haben können. Ein Hund ist die einzige käufliche Liebe, die es gibt – aber nur dann, wenn Sie nach dem Kauf auch entsprechend positiv mit Ihrem Hund umgehen. Er bereitet nicht nur Freude, er fordert auch eine gewisse Verantwortung und Disziplin von seinem Besitzer. Somit ist die Haltung eines Hundes auch Verpflichtung. Wenn wir mit ihnen zusammen sind, betreten wir eine Welt ohne Zeitgefühl, eine Welt der Leichtigkeit, und beim Spielen fühlen wir eine entspannende und lustvolle Atmosphäre. Wenn Sie sich und Ihren Hund glücklich machen wollen, sollten Sie ihn als vollwertiges Familienmitglied anerkennen. Schenken Sie Ihrem Liebling daher nicht nur Ihre Aufmerksamkeit, sondern Ihre vollste Zuneigung, ja Ihre aufrichtige Liebe. Wecken Sie Ihren „schlafenden Hund" und Sie werden erkennen, dass Sie sich bald mit ihm auf einer höheren Ebene verständigen können.

Vielleicht fragen Sie sich, warum Sie so viel Zeit und Energie in Ihren Hund investieren sollen? Die Antwort lautet: Sie bekommen alles, was Sie dem Hund geben, um ein Vielfaches wieder zurück. Allein der Weg zu Ihrem Ziel wird Ihnen Freude bereiten.

Was der Mensch sät, das wird er ernten.
Philipper, 4,8

Folgende Geschichte soll Ihnen verdeutlichen, welch wunderbare Beziehung Sie zu Ihrem Hund aufbauen können, welches „Band“ oft zwischen Hund und Mensch existiert.

Siegfried und Roy

Im November 2000 war ich einer persönlichen Einladung von Siegfried und Roy, den bekanntesten Magiern der Welt, nach Las Vegas gefolgt. Ich genoss das Privileg, diese beiden erfolgreichen und fantastischen Menschen kennen lernen zu dürfen. Roy, der mit vollem Namen Roy Uwe Horn heißt, wurde 1946 in Stade bei Hamburg geboren. Er hatte eine schwierige Kindheit, denn der Krieg hatte seinen Vater zum Alkohol geführt, was das Leben für seine Mutter und ihn noch beschwerlicher machte. Roy war sehr schüchtern und hatte nur einen einzigen wirklichen Freund: Seine Hündin „Hexe“. Sie war sein Ein und Alles und wie mit einem unsichtbaren Band waren beide fest miteinander verbunden, sie waren ein Herz und eine Seele. Eines Tages brach Roy beim Spielen auf dem Feld am Waldrand ins Moor ein. Immer tiefer zog es ihn hinab und er wusste, er würde nicht mehr alleine herauskommen. Kein Rufen half – sein letztes Stündchen schien gekommen. Doch seine treue Hündin Hexe erkannte die Lage, lief davon und schaffte es irgendwie, einen Bauern davon zu überzeugen, mit ihr zu kommen. Der Bauer erkannte, dass etwas passiert sein musste, und fand schließlich den kleinen Roy eingesunken im Moor, nur noch ein kleiner Teil seines Oberkörpers war von ihm zu sehen. Roy wurde gerettet und die Beziehung zu seiner Hexe verstärkte sich.
Später dann freundete er sich mit „Chicco“, einem Geparden aus dem Zoo an und als er auf einem Passagierdampfer als Schiffssteward anheuerte, nahm er ihn mit. Dort lernte er dann Siegfried, den Schiffszauberer kennen, beide befreundeten sich – der Rest ist Geschichte! Roy mit all seinen Tieren (Elefanten, weiße Tiger, weiße Löwen, Vögel, Schlangen und

vieles mehr) zu beobachten, ist eine wahre Freude. Es besteht wirklich eine magische Beziehung zwischen ihm und seinen Tieren. Und wenn Siegfried und Roy in ihrer Las Vegas-Show plötzlich weiße Tiger herbeizaubern, ist auch das Publikum verzaubert.

von Jürgen Höller

So werden Sie zum Rudelführer

> Man liebt die Schwachen, aber man folgt den Starken!

Wenn Ihr Hund Ihnen gehorchen soll, benötigen Sie Führungs-Persönlichkeit! Der amerikanische Journalist Napoleon Hill sollte für den legendären Stahl-Magnaten Andrew Carnegie, den ersten Milliardär in der Geschichte der Menschheit, die 500 erfolgreichsten Amerikaner dieser Zeit interviewen und deren Erfolgsgeheimnisse und Strategien zu einem System zusammenfassen und zu Papier bringen. Napoleon Hill benötigte fast 20 Jahre, um alle 500 erfolgreichen Menschen zu interviewen. Aus den Antworten, die er erhielt, schrieb er seinen Millionen-Bestseller „Denke nach und werde reich“. Es kristallisierten sich 13 ultimative Erfolgs-Geheimnisse heraus, u.a.:

- Glaube (etwas erschaffen zu können)
- Zielklarheit
- Ausdauer
- Konsequenz
- Disziplin

Vervollständigen könnte man diese Liste noch mit Selbstbewusstsein, Gerechtigkeit, Ehrlichkeit und Zielstrebigkeit. Warum wir Ihnen diese Eigenschaften hier aufzählen? Weil Sie genau diese Eigenschaften besitzen müssen, wenn Ihr Hund Sie als „Alpha-Tier“, also als Anführer akzeptieren soll. Hier die einzelnen Schritte:

Zielklarheit und Zielstrebigkeit
Zuerst einmal müssen Sie Ihre Ziele definieren. Doch darauf wird an späterer Stelle in diesem Buch noch ausführlicher eingegangen. Wenn Sie Ihre Ziele kennen, benötigen Sie einen gewissen Ehrgeiz (= Zielstrebigkeit), um die Ziele auch erreichen zu können. Doch schon Günter Radtke hat erkannt: „Der Mensch ist ein zielstrebiges Wesen. Doch meistens strebt er zu viel und zielt zu wenig ...!"

Glaube
Sie benötigen einen unerschütterlichen, zielgerichteten Glauben. Sie müssen sich sicher sein, dass Sie Ihre Ziele erreichen, auch wenn es zwischendurch schwer fällt oder Rückschläge geben sollte.

Disziplin
Wer erfolgreich sein will, auch in der Hundeerziehung, benötigt (fast tägliche) Disziplin. Es reicht nicht aus, nur an manchen Tagen an seinen Zielen zu arbeiten, Sie müssen regelmäßig etwas dafür tun.

Ausdauer
Viele Menschen säen im Februar das Saatgut aus – um zwei Wochen später, wenn noch nichts zu sehen ist, es wieder auszugraben und nachzusehen, was los ist. Doch wer im Februar Weizen sät, kann eben erst im August ernten.

Fleiß
Wer das Saatgut ausgebracht hat, muss es hegen, pflegen, bewässern, das Unkraut jäten usw., um schließlich die Ernte, also den Erfolg, zu bekommen. Auch bei der Hundeerziehung benötigen Sie viel Fleiß, um Ihre Ziele zu erreichen.

Selbstbewusstsein
Auf dem Weg zum Erfolg geht man oftmals einen Schritt vor – und zwei zurück! Probleme, aber auch Misserfolge und Nieder-

lagen gehören auf dem Weg zur Erreichung des Zieles dazu. Lassen Sie sich also nicht entmutigen, wenn einmal etwas schief läuft.

Die Führungspersönlichkeit zeigt weder Zweifel noch Schwäche!

So motivieren Sie Ihren Hund

Motivation beginnt damit,
den Hund nicht zu demotivieren.
Jürgen Höller

Motivation und Faszination gehören zu unseren stärksten Triebfedern. Hunde sind intelligente, sensible Tiere. Mit körperlicher Strafe werden Sie nicht weit kommen! Der beste Freund des Menschen hat das auch nicht verdient. Schreien oder schimpfen steigert nur die Aggressionen – und er versteht es nicht.

Viel besser ist es, ihnen mit Freundlichkeit, Lob und einem kräftigen Schuss Motivation entgegenzutreten. Am meisten sehnen sie sich nach unserer Anerkennung. Wenn Sie mit Motivation arbeiten wollen, brauchen Sie immer etwas, was den Hund mehr motiviert als alles andere. So z.B. Jagen: einem Wild nachzujagen gefällt ihm besser, als einem Ball nachzulaufen. Es kann auch das Nachjagen interessanter sein als die Beute.

Aber bedenken Sie, er wird uns nur respektieren, wenn er uns als Alpha-Tier anerkennt. Wenn unsere Hunde uns einmal verstanden haben, werden sie sich die allergrößte Mühe geben, unsere Wünsche zu erfüllen!

! ***Der Hund muss Sie möglichst als „Alpha-Tier“, als Rudelführer anerkennen!***

Die Hauptantriebsfeder im Leben eines Hundes ist, sein eigenes genetisches Material in die nächste Generation zu bringen.

Professor Hademar Bankhofer (mit der Autorin): „Jeder, der mit einem Tier leben darf, weiß, wie wunderbar es ist, seine Nähe zu spüren und seine Zuneigung zu erleben."

Dr. Heinrich Mayer, Direktor von Interspot Film Wien, hat sich für einen Hund aus der Zucht „von der Villa am Teich" entschieden.

Barbara Karlich genießt das Zusammensein mit „Wagi", dem Hund Ihres Bruders.

Dazu sind nötig:

- Futter,
- sozialer Kontakt,
- persönliche Fitness (gesund zu sein),
- Schmerz, Druck und Angst zu vermeiden,
- Freude, Spaß und Lust zu erlangen,
- Sexualpartner zu haben.

Menschen, die zu wenig motiviert sind, besitzen entweder keinen bzw. zu wenig Druck oder keine bzw. zu niedrige Ziele. Menschen können wohl unter Druck arbeiten, aber es gibt einen krankmachenden Druck und einen Druck, der positiv ist. Es gibt einen krankmachenden Stress (Disstress) und einen Stress, der positiv ist (Eustress). Wird der Druck zu groß, können Menschen nicht mehr arbeiten, auch sie werden krank. Aber eben dieser gesunde Stress führt auf Dauer zum Erfolg, im Gegensatz zum krankmachenden Stress, der auf Dauer über den Misserfolg zum Scheitern führt.

Das Ziel des Hundes ist: „Ich habe das erwünschte Verhalten meines Besitzers ausgeführt", so ist es befriedigend und motivierend. Für Mensch und Tier gilt gleichermaßen: Ein erreichbares Ziel bringt positiven Stress, der zum Erfolg führt und somit motivierend wirkt.

Bei Hunden entspricht Druck nicht ihrer persönlichen Wahlfreiheit, sie haben eine andere Zielsetzung (z.B. Futter zu bekommen, einen warmen Schlafplatz zu haben, sich fortpflanzen zu können). Ziele setzen muss man sich und auch dem Hund, es ist nur wichtig zu wissen, welches Ziel der Hund hat. Über Teilziele führe ich den Hund zu hohen „Endzielen". Sie können sich als Ziel setzen, dem Hund in einer gewissen Zeit etwas Bestimmtes beizubringen.

Ist es nicht wunderbar anzusehen, wenn Zirkushunde im Kreis tanzen und sich im Rhythmus der Musik bewegen? Immerhin sind es komplexe Bewegungen. Um Zirkushund Ronny das beizubringen, setzte sich der Trainer ein Ziel, welches er in kleine Etappenziele teilte. Der erste Schritt war ein kurzes

Stehen auf den Hinterbeinen. Ronny bekam dafür ein Leckerli, was ihn unheimlich motivierte. Am Nachmittag ging es weiter. Ronny sollte längere Zeit auf den Hinterbeinen stehen: super, geschafft = Leckerli. Danach folgte eine halbe Drehung und dann eine ganze.

Ronnys Aufmerksamkeit galt den begehrten Leckerlis. Das nächste Leckerli gab es dann aber erst nach mehreren Drehungen hintereinander. So wurde das Training in viele kleine Etappenziele zerlegt und jeder Fortschritt belohnt. So funktionieren auch die ersten Schritte in der Erziehung: Gutes mit Gutem zu belohnen.

Auch Menschen lernen am besten in Etappen. Wenn Sie eine Änderung einer Gewohnheit, z.B. bei Ihrem Partner oder den Kindern im Sinn haben, müssen Sie die kleinen Schritte in Richtung Ziel belohnen. Sollte einmal eines der Etappenziele nicht ganz korrekt ausgeführt werden, dürfen Sie nicht schimpfen. Sobald der Eindruck entsteht, dass die Anerkennung ausbleibt, gibt sich der Mensch oder Hund keine Mühe mehr und ist demotiviert. Wenn wir Schmerz verspüren, werden wir die Tätigkeit nicht mehr ausführen.

„Wegbewegen vom Unangenehmen und hinbewegen auf Angenehmes“, nannte schon Siegmund Freud das „Glücksprinzip“. Zeigen Sie Ihrem Liebling, dass es schön ist, bei Ihnen zu sein! Übrigens, jeder Hund hat andere Vorlieben. Das Wichtigste ist, herauszufinden, wie und womit der Hund motiviert werden kann. Die Lernmotivation steigt deutlich in Erwartung einer Belohnung. Es geht darum, dem Hund ein Verhalten neu anzutrainieren. Es geht nicht darum, ein Verhalten wegzuerziehen. Das kann man nicht, da der Hund im Leben bestimmte Ziele verfolgt und sich seinen Zielen entsprechend verhält.

! ***Sie können kein altes Verhalten „wegtrainieren“, sondern nur ein neues Verhalten „antrainieren“ (das gilt für Mensch und Hund)!***

Der menschliche Trainer muss dazu motiviert sein, dem Hund ein neues Verhalten beizubringen. Dazu ist es notwendig, dem Hund klar zu machen, dass er dieses neue Verhalten auch zeigt, denn ansonsten gibt es „Liebesentzug". Liebesentzug bedeutet Schmerz für den Hund. Und Schmerz will er unter allen Umständen vermeiden. Also wird er das unerwünschte Verhalten ablegen, um den Schmerz zu vermeiden – Sie haben Ihr Ziel erreicht.

Zeigt er dagegen das neue, gewollte Verhalten, erhält er „Liebes-Zuwendungen". Dies bedeutet Freude und er wird sein Verhalten wiederholen. Freude, Spaß und Lust bedeuten, dass wir uns zum Ziel hinbewegen. Die Belohnung muss sofort im Anschluss an das gute Benehmen oder sogar gleichzeitig gegeben werden. Eine längere Verzögerung macht die Belohnung nutzlos. Besonders bei jungen Hunden beträgt das Assoziationsvermögen tatsächlich nur eine Sekunde.

Loben Sie stets sofort und Ihr Hund wird in kürzester Zeit das gewünschte Verhalten annehmen!

Grundsätzlich wird das Verhalten des Tieres und nicht das Tier selbst belohnt. Es ist äußerst reizvoll, das herauszufinden. Streicheln soll daher nicht zur Selbstverständlichkeit werden. Wenn Ihr Hund zu Ihnen kommt und Sie ihn jedes Mal dafür streicheln, ist das für ihn eine Ranganmaßung und er meint, dass Sie ihm gehorchen. So in der Art: „Ich nerve dich so lange, bis du mich streichelst."

Um so ein Verhalten zu ändern, benötigen Sie eiserne Konsequenz. Beachten Sie seine Aktionen nicht mehr. Loben Sie ihn erst ausgiebig, wenn er etwas macht, das Motivation verdient. Hunde werden oft untermotiviert, manchmal aber auch übermotiviert (zu viel „gelobt"). Deshalb brauchen Sie die richtige Balance. Besonders darauf sollten Sie achten, wenn Ihr Hund sehr an Ihnen hängt und durch ständiges Betteln nach

Aufmerksamkeit verlangt. Mit nicht überlegtem Kraulen nebenbei würden Sie dieses Verhalten noch verstärken. Hunde können sich dann zu einer richtigen Plage entwickeln. Wenn Sie ihn gut beobachten, werden Sie viele Dinge an ihm finden, die lobenswert sind. Es ist wunderschön, wenn man in der Folge durch den Erfolg belohnt wird.

! ***Erfolg buchstabiert man „T-U-N".***

Jürgen Höller

So lernt der Hund

Wenn Sie mit Ihrem Hund konzentriert arbeiten und dabei Ihrer Nachbarin begegnen, dem Bürgermeister oder dem Dr. XY, dann achten Sie nur auf Ihren Hund. Sonst glaubt Ihr Hund, dass er für die Ausführung der Übung Liebesentzug bekommt. Er macht die letzte Übung das nächste Mal garantiert nicht mehr. Denn plötzlicher Abbruch und Nichtbeachtung des Hundes ist ein Vertragsbruch. Immerhin haben Sie mit ihm einen Pakt geschlossen, ihm ein Versprechen gegeben. Für richtig ausgeführte Übungen gibt es immer Leckerlis = Belohnung, Anerkennung und Lob.

Aus diesem Grund gehört die Übung korrekt beendet und dann die Belohnung gegeben. Das heißt, Sie erstellen für ihn eine Motivations-Futterstraße, bestehend aus vielen kleinen Leckerbissen. So verhalten Sie sich höflich und es zeigt ihm, dass die Übung abgeschlossen ist. Hören Sie dann mit dem Üben auf, wenn er Ihnen sein Bestmögliches gezeigt hat. Besser als gut geht nicht.

! ***Das Hirn des Hundes speichert das, was er zuletzt gemacht hat ab, und das zeigt er mir als Erstes wieder.***

Immer wenn Sie beobachten, dass der Hund etwas macht, was Ihnen gefällt, belohnen Sie ihn. Jeder Schritt wird belohnt. Langes Schimpfen kann der Hund nicht verstehen, es verwirrt ihn nur und bringt keinen Lernerfolg.

Korrekturen

Bestrafungen sollten nur angewendet werden, wenn keine negativen Folgen für Ihren Liebling zu befürchten sind.

Wenn bestraft werden muss, dann gleich unmittelbar nach der Verfehlung. Nur direkte Zusammenhänge können gelernt werden. Nie sollten Sie den Hund so strafen, dass er Angst vor Ihnen bekommt. Denn dadurch produziert er Stresshormone und in diesem Zustand ist der Hund nur beschränkt aufnahmefähig.

Die maximale Zeitspanne zwischen der Aktion des Hundes und dem darauf folgenden Lob oder Tadel beträgt 2–3 Sekunden! Es ist zu befürchten, dass der Hund jede Reaktion, die erst nach dieser Zeitspanne erfolgt, falsch einordnet.

! *Bestrafen Sie spätestens 2–3 Sekunden nach der Aktion!*

Absoluter Unsinn ist die oft erlebte Praxis, den Hund 30 Minuten nach seiner „Tat“ zu bestrafen (z.B. beim Welpen das „Malheur“ in der Zimmerecke). Solche Strafen verwirren den Hund, oder – noch schlimmer – er glaubt, er werde für seine letzte Aktion bestraft. Sie können nur über Korrekturbefehle und über Korrekturmaßnahmen arbeiten, die unmittelbar nach der Tat erfolgen. Denn eine halbherzige Strafe, die für den Hund keine Folgen hat, würde ihn nicht daran hindern, sein Ziel weiterzuverfolgen.

Zum Beispiel Jagen

Es ist etwas im Hund, das ihn dazu treibt, gewisse Dinge zu tun, weil er glaubt, etwas davon zu haben. Der Hund ist nicht schlimm oder ungehorsam geboren, er verfolgt nur ein bestimmtes Ziel. Der Besitzer kann dem Tier jetzt zwei verschiedene Möglichkeiten zeigen. Einerseits eine bessere Alternative: „Du kommst besser zu deinem Ziel, wenn du dich so und so verhältst", oder andererseits: „Dieser Weg zum Ziel ist mit Hindernissen verbunden". Wie umgeht er dann das Hindernis, seinen Besitzer? Er vermehrt die Entfernung zum Besitzer, denn die Strafe hat mit dem Besitzer zu tun. Also, Entfernung vergrößern und er kommt trotzdem zu seinem Ziel.
Ich erreiche im Prinzip genau das Gegenteil von dem, was ich haben will. Der Hund lernt nur, wie er geschickt die Strafe umgehen kann, aber er lernt nicht, sich ein neues Verhalten anzugewöhnen. Das lernt er nur, wenn ich sage: „Du kommst besser zu deinem Ziel", zu welchem auch immer (Sozialkontakt, Futter, Gesundheit), „wenn du dich an mich hältst."

Lob oder Belohnung

- kleinste Leckerbissen geben (ist für den Hund wie Geld),
- Spielen als Lernmotivation,
- Streicheln, Zuwendung verstärken,
- im schattigen Platz mit ihm arbeiten,
- Futter oder Wasser geben,
- Schnüffeln lassen,
- Kontakt zu anderen Hunden ermöglichen.

Korrekturmaßnamen

- Korrekturworte wie „Pfui" oder „no". Diese müssen dem Hund vorher antrainiert werden, wie beispielsweise das Wort „nein". Allerdings ist es besser ein Wort zu verwenden, das im deutschen Sprachgebrauch nicht verwendet wird – wie z.B. das englische Wort „no".

- Ignorieren (Spielabbruch) ist Entziehen des Sozialkontaktes.
- Entzug von etwas Tollem, z.B. ein Leckerli zeigen, aber nicht geben.
- Mit eigener Körpersprache arbeiten.
- Verhalten abstellen durch tauschen, z.B.: „Du gibst mir mein Kleidungsstück zurück, dafür bekommst du ein Leckerli." Diese Technik gehört antrainiert und kann bei einem kompetenten Hundetrainer erlernt werden. Es gibt auch Vorträge und Seminare von Verhaltenstrainern.

Anonym bestrafen

- Wenn kein zweiter Hund in der Nähe ist, eignen sich laute Geräusch wie Rasselbüchse, Kette, Schlüssel, Zeitung, usw.
- Den Hund mit einer Wasserpistole anspritzen.
- Im äußersten Fall können Sie auch den Schnauzengriff anwenden, aber nur, wenn Sie über die Rangordnung genau Bescheid wissen. Das zeigt ihm, dass Sie der Dominante sind. Von oben herab ergreifen Sie seine Schnauze und drücken diese hinunter.

Klaps mit der Zeitung: ja oder nein?

Zum Erschrecken des Hundes kann die Zeitung manchmal hervorragende Dienste leisten. Jedoch darf der Hund gewisse Strafmaßnamen nicht mit dem Besitzer in Verbindung bringen. Es gibt da eine veraltete Methode mit der Zeitung – dem Hund mit der Zeitung einen Klaps zu geben.

Körperliche Strafe sollte jedoch mit dem Besitzer nicht verbunden werden, wie es beispielsweise durch die Zeitung geschieht. Im schlimmsten Fall, wenn es ein unsicherer, aggressiver Hund ist, erschaffe ich mir einen Hund, der in die Zeitung oder meine Hand beißt. Abgesehen davon ist körperliche Bestrafung generell abzulehnen. Der Hund lernt nur, dass sein Besitzer unberechenbar ist. Er kann einfach nicht einordnen, warum er bestraft wird. Vorher muss er eine Warnung bekommen.

Denken Sie immer daran: er macht grundsätzlich nichts absichtlich falsch. Er macht Dinge, weil er glaubt, dass sie so gehören. Stellen Sie sich vor, Sie sind in einem fremden Land. Dort ist jemand, der Ihnen ständig auf die Hand schlägt – und Sie haben keine Ahnung warum. Daher ist es wichtig dem Hund klare Linien zu setzen. Es muss vorher eine Warnung da sein. Es gibt Maßnahmen beim Hund, die effektiver sind, wenn der Hund sie nicht mit dem Besitzer in Verbindung bringt.

! ***Warnen Sie erst, dann strafen (= korrigieren) Sie!***

Nackenfell-Schütteln

Manche sind noch dem irrtümlichen Glauben verfallen, dass das Schütteln im Nackenfell von der Mutter kommt. Eine Hundemutter schüttelt jedoch niemals ihre Babys im Nackenfell. Allenfalls ergreift sie sie nur seitlich oder zwischen den Schulterblättern, um sie zu tragen. Schütteln im Nackenfell bedeutet den vorgetäuschten Todesbiss. Zwar führen Junghunde diesen Tötungsbiss im gemeinsamen Spiel aus, aber sie merken sehr wohl, dass es Spiel ist. Wenn sich der andere richtig verhält, passiert auch nichts. Kinder spielen auch gerne Räuber und Gendarm mit der Holzpistole und einer fällt tot um.
Wenn wir das beim Hund machen und glauben, wir würden ihn damit strafen, erreichen wir nur, dass er Angst vor uns bekommt. Er sieht das als den nachempfundenen Todesbiss und kann mit dieser Maßnahme nichts anfangen. Demzufolge kann die Bedrohung des Lebens wohl nicht die ideale Bestrafung sein. Verzichten Sie also auf das Nackenfell schütteln, es gibt bessere Methoden.

Laute und Hörzeichen

Es ist nachgewiesen, dass bei Hunden Selbstlaute wie i, e, a, o, u am wirkungsvollsten sind, aber auch diese sieben verschiedenen Tonlagen:

- Lobend, ruhig, langgezogen: „Soooooo iiiiiist brav."
- Strafend, energisch , kurz gesprochen: „Nein", „Pfui", „Aus"
- Warnend, gedehnt: „Steh", „ Bleib", „Pass auf"
- Bittend, langgezogen: „Such", „Bring"
- Befehlend, kurz gesprochen: „Sitz", „Platz"
- Aufmunternd, hell gesprochen: „Gib Laut", „Hopp"
- Anfeuernd, aufreizend: „Voran", „Revier"

Wichtig ist, das die Hörlaute kurz und deutlich ausgesprochen werden und nicht in Sätze verpackt werden. Richtig: „Sitz" ohne den Namen des Hundes zu erwähnen. Falsch: „Mäxchen, Frauchen hat gesagt, du sollst dich setzen." Zu Beginn des Lernens ist es wichtig, zumindest zwei Sinne des Hundes anzusprechen, etwa durch Hörzeichen und Gesten. Hat der Hund sie verstanden, genügt das Hörzeichen.

Die Sinne des Hundes

- Der Gefühlsinn, der Hund fühlt die Berührung
- Der Gehörsinn, der Hund hört die Stimme
- Der Sehsinn, der Hund sieht die Bewegung

Wie Hunde sich gegenseitig austricksen

Eine Mensch-Tier-Beziehung kann eine Fülle von lustigen Erlebnissen beinhalten. Ich erlebe es immer wieder mit meinen Hunden. Überall, wo Menschen allzu menschliche Schwächen haben, gibt es andere, die sie mithilfe kleiner Schwindeleien auszunutzen verstehen. Erstaunlicherweise konnte ich dies bei meiner Malteserhündin Flink beobachten.

Meine Flink war schon immer, neben ihren hervorragenden Eigenschaften, ein besonders gewitztes Tier. Ihre größte

Schwäche aber war ihr grenzenlos großer Futterneid. Da sie aber leider schon sehr zur Fülle neigte und ich vermeiden wollte, dass sie ihre Gesundheit einbüßt, bekam sie beim Fressen einfach weniger als die anderen Hunde. Dies nahm Flink mir offensichtlich besonders übel. Wenn sie glaubte, wieder einmal zu kurz gekommen zu sein, dann bellte sie mich wütend an.

Ich hatte für meine drei verfressensten Hunde vom Einkaufen gerade wieder einmal drei Kauknochen als Zuckerl mitgebracht. Damit es ja keinen Streit gibt, gab ich allen Dreien den Knochen ins Maul. Flink war aber damit anscheinend nicht einverstanden und mit ihrem Knochen im Maul schien sie zu überlegen, wie sie auch an die anderen zwei Leckerbissen herankommen könne.

Plötzlich, wie von Furien gehetzt, stürmte sie laut bellend zum Gartenzaun, als gäbe es dort etwas sehr Aufregendes zu sehen. Mit dem Gebell zog sie die Aufmerksamkeit der beiden anderen auf sich. Diese ließen ihre Knochen fallen und hetzten mit wildem Gebell hinter Flink her zum Gartenzaun. Dahinter war aber so gut wie nichts zu sehen. Noch ehe aber die beiden bemerkten, dass sie nur hereingelegt worden waren, hatte Flink nichts Besseres zu tun, als so schnell wie möglich zurückzulaufen, die zwei liegen gebliebenen Knochen ins Maul zu nehmen und schleunigst zu verschwinden. Daher auch der Name Flink.

Nun hatte sie alle drei Knochen, sie war zufrieden und in ihren Augen stand der Satz: „Ehrlich teilen – aber das meiste für mich! Basta.“

Die Macht der Gedanken

> Jeder Gedanke hat die Tendenz,
> sich zu verwirklichen.

Wenn Sie von vornherein sagen: „Ich schaffe das nicht mit meinem Hund“, dann haben Sie Recht, und wenn Sie sagen: „Ich schaffe das“, dann haben Sie ebenfalls Recht. Das, was Sie glauben, wird auch geschehen. Was Sie glauben, das werden Sie anziehen. Denn was immer Sie auch glauben – Sie haben immer Recht! Das hatte seinerzeit schon der legendäre Automobil-König Henry Ford erkannt, der sagte: „Wenn Du glaubst, Du kannst etwas tun, hast Du Recht. Wenn Du glaubst, Du kannst es nicht tun, dann hast Du ebenfalls Recht.“

Ich kann beim Hund mit der Vorstellung arbeiten, wie der Hund an der Türe steht, weil er uns mitteilen will, dass er hinaus will. Unsere Gedanken sind ein Befehl an das Gehirn, gewisse Dinge zu tun. Allerdings kann weder das Gehirn vom Menschen noch das vom Hund das Wort „nein“ oder „nicht“ verstehen. Wir denken und sehen in Bildern.

Denken Sie nun „nicht“ an einen rosaroten Pudel. Nicht an den rosaroten Pudel denken, auf keinen Fall! – An was haben Sie gedacht? Etwa an einen rosaroten Pudel? Das ist ganz normal, denn unser Gehirn, und auch das des Hundes, versteht das Wörtchen „nicht“ nicht. Wenn ich mir denke, „hoffentlich macht mir der Hund bei Tante Emma nicht rein“, dann tun wir alles dafür, dass er auch wirklich reinmacht. Denn ich dachte ja, hoffentlich macht er „nicht“ rein. Das ist die Macht der Gedanken.

Ein weiteres Beispiel: Ich gehe mit dem Hund an der Leine und denke mir: „Oh Gott, da kommt ein anderer Hund, den wird er sicher angehen“, und die Sache ist im Prinzip schon gelaufen. Würde ich mir allerdings denken: „Okay, na ja, da kommt ein anderer Hund, na, wahrscheinlich werden sie schnüffeln oder uninteressiert aneinander vorbeigehen“, habe ich schon eine ganz andere Körperhaltung und vermittle somit mir und dem Hund etwas völlig anderes.

Empfehlenswert ist, dem Hund zunächst einmal beizubringen, dass Sie die absolute Kontrolle über ihn haben. Sie sind der König. Sie haben Rechte, aber auch Pflichten. Er soll erkennen, dass Sie den Zugang zum Futter haben. Die meisten Hunde tun dafür fast alles. Futter motiviert ungemein. Wichtig dabei ist: der Hund sollte auch hungrig sein. Daher mein Tipp: Sie sollten den Hund nicht zu sehr verwöhnen. Zuerst muss er etwas tun, erst dann kommt die Belohnung.

Stellen Sie eine Verbindung zwischen guten Manieren und Futter her: Das Futter bekommt er nicht einfach so zum Spaß, warum auch? Er soll für Sie eine Übung durchführen, ganz gleich welche. Das kann z.B. „Sitz“, „Platz“, „Komm her“ sein. Dann erst bekommt er das Futter. Futter ist für den Hund wie Geld. Geld liegt nicht einfach so herum. Geld muss er sich verdienen. Er wird auf diese Weise sehr schnell erkennen, dass Sie der Rudelführer sind.

! ***Verwöhnen Sie Ihren Hund nicht. Futter muss er sich durch Übungen verdienen. Dadurch erkennt er Sie als Rudelführer an!***

Je mehr Rang Sie haben, desto höher ist Ihr Image. Wenn Sie etwas sagen, ist das wichtig, denn erst jetzt gibt es etwas Gutes. Er achtet nach einiger Zeit ganz besonders auf Sie. Sie können diese Übung auch weiter ausdehnen: Will er bei der Tür vor Ihnen raus, lassen Sie das nicht zu. Er muss wieder vorher etwas für Sie tun. Also eine Gehorsamkeitsübung, wie oben, ausführen. Wenn er das tut, was Sie möchten, lassen Sie ihn zur Belohnung raus.

Das Ergebnis ist verblüffend: er wird noch mehr auf Sie achten, Sie ständig beobachten. Das ist Ihre Möglichkeit zu einer erfolgreichen Erziehung. Sie müssen Geduld haben, bis es bei ihm Klick macht und er begreift, wie er zu einem guten Happen oder bei der Tür rauskommt. Mit anderen Worten: Motivation ist angesagt. Sie verdrängt zunehmend den alten Stil mit Drill und Druck.

Achtung: Ohne (Selbst-) Disziplin und permanentes Training geht es nicht! Ihr Hund ist dankbar für jede Beschäftigung, jede Motivation und für jede Übung!

Wenn Sie beobachten wie Polizeihunde abgerichtet werden, sehen Sie, dass dort manchmal noch mit Druck gearbeitet wird. Die Hunde ziehen aber freudig dorthin. Das hat nichts damit zu tun, dass es ihnen Spaß macht, sondern oft ist dies der einzige Ort, wo das Herrchen sich mit ihm beschäftigt. Das sieht man auch bei Hunden, die im Zwinger gehalten werden. Wenn sie einmal zum Arbeiten herausgelassen werden, ziehen diese Hunde überaus freudig zum Arbeitsplatz. Klar, es ist die einzige Möglichkeit mit seinem Rudelführer zusammen zu sein, egal wie dieser arbeitet. Selbst wenn er den Hund demotiviert.

Denken wir an die Kinder, die von ihren Eltern ständig geschlagen werden. Sie lieben ihre Eltern. Warum? Es ist für diese Kinder immer noch besser, geschimpft oder geschlagen zu werden, als ignoriert. Umgekehrt erinnern Sie sich an die antiautoritäre Erziehung? Manche dieser Kinder sind auf Abwege geraten, sie haben sich ungeliebt gefühlt! Sie sind nur auffällig geworden, um irgendwie beachtet zu werden. Solch ein Verhalten legen auch Hunde an den Tag, wenn sie ignoriert werden. Motivation beginnt bei Ihnen, nur dann können Sie Ihren Hund motivieren!

Motivation, Spiel, Spaß und Sport

> Freude und Spaß sind Nahrung
> für die Seele.
>
> *Jürgen Höller*

Motivation, Spiel, Spaß und Sport kann man auch ohne einen Hundesportverein haben. Man kann sich Anregungen bei den verschiedenen Hundesportarten holen, diese auch vermischen und die Aktivitäten ganz genau auf die speziellen Fähigkeiten des eigenen Hundes abstimmen. Auch im Garten kann man einen Parcours mit ganz einfachen Mitteln aufbauen. Im Haushalt oder in der freien Natur finden sich viele Dinge, die sich für Motivation, Spiel und Spaß mit Ihrem Hund sehr gut eignen.

Beispiele sind alte Handtücher, Stofftiere, der Hundegröße angepasste Zweige oder z.B. ein in einen alten Strumpf eingeknoteter Ball ergeben ein tolles Zerr- oder Wurfspielzeug. Ihrer Fantasie sind dabei keine Grenzen gesetzt!

Einen Parcours finden wir fast nur auf Hundeplätzen oder in Hundeschulen. Mit Fantasie und Improvisationstalent können Sie einen genau auf die Fähigkeiten Ihres „Hundes“ abgestimmten Parcours errichten. Durch die Auswahl der richtigen Zubehörteile ist er auch gar nicht teuer. Und wenn er auch nicht genau den Anforderungen der Vereine entspricht – Hauptsache Sie und Ihr Hund haben Spaß!

Beispiele für eine Spiel-Parcours

Leiter

Legen Sie eine gerade Leiter auf den Boden. Ihr Hund kann mit seinen Pfoten die Sprossen übersteigen.

Besenstiele oder Pflanzenstäbe

Diese eignen sich zum Aufbau eines Slaloms. Der Abstand

zwischen den einzelnen Stäben sollte in etwa die Körperlänge des Hundes betragen. Jeder Hund kann nach etwas Anleitung Slalom laufen, langsam oder schnell, je nach Lust und Laune.

Sprunghindernisse

Nehmen Sie zwei Schuhkartons. Schneiden Sie an je einer Seite eine kleine Rundung ein. Dort hinein legen Sie jeweils die Enden eines Besenstiels. Die Rundung sollte so flach sein, dass bei starken Berührungen der Stock herunterrollen kann, ohne den Hund zu verletzen.

Pappkartons

Mit Pappkartons lässt sich viel anfangen. Sie kosten nichts und nach Gebrauch kann man sie einfach zum Altpapier geben. Aus Kartons lassen sich gut Tunnels oder Mauern bauen. Unter die Enden eines Brettes je eine Schachtel gelegt, ergibt eine schöne „Langbank", um darüber zu balancieren oder darunter durchzukriechen.

Gewohnheiten verändern

Kennen Sie die Situation? Sie haben eine negative (An-) Gewohnheit und möchten diese gerne verändern. Oder Ihr Hund hat eine negative Gewohnheit, die Sie gerne in eine positive verwandeln möchten. Nun, zunächst einmal müssen Sie wissen, dass Sie keine Gewohnheit „verändern" können. Es gibt bei schlechten Gewohnheiten nur eine Möglichkeit: Die schlechte Gewohnheit durch eine gute Gewohnheit ersetzen!

Das bedeutet also, dass Sie immer dann eine neue, positive Gewohnheit entwickeln müssen, wenn Ihnen eine andere nicht behagt. Doch wie entwickelt man eigentlich positive Gewohnheiten?

Wenn man sich neugeborene Babys auf der Wachstation eines Kinderkrankenhauses ansieht, dann haben diese Kinder noch keine schlechten Gewohnheiten. Oder haben Sie schon einmal ein Baby gesehen, das raucht, Unmengen von Schokolade isst, kistenweise Bier konsumiert, etc.? Das bedeutet, dass alle schlechten Gewohnheiten, die Sie heute besitzen – und auch Ihr Hund – erst entwickelt, regelrecht antrainiert wurden. Verantwortlich für alle schlechten Gewohnheiten, sowohl bei sich selbst als auch bei Ihrem Hund, sind Sie! Ein Hund kann nicht unterscheiden zwischen gut und schlecht, zwischen positiv und negativ – ein Hund macht einfach, was ihm am meisten Spaß bringt. Wenn der Hund demzufolge negative Gewohnheiten entwickelt, haben Sie ihm einfach zu viel „Spaß" bei diesen Tätigkeiten zugestanden und zu wenig „Schmerz" gegeben.

Um eine neue Gewohnheit zu entwickeln, sind häufige Wiederholungen ein entscheidender Faktor. Je häufiger man etwas denkt – noch besser tut –, desto schneller und stärker bildet sich eine neue Gewohnheit heraus. Haben Sie schon einmal einen Lungenzug von einer Zigarette gemacht? Falls ja: Können Sie sich an den ersten Zug erinnern? Sie werden mir doch sicherlich Recht geben, dass der erste Zug furchtbar war. Es gab einen Stich in der Lunge, wir mussten husten, es brannte fürchterlich. Und dennoch haben wir es geschafft, manchmal sehr mühsam, weiterzurauchen. Nach einiger Zeit hat es nicht nur geschmeckt, es wurde eine schlechte Gewohnheit, die manche ihr Leben lang nicht mehr ablegen können.

Oder erinnern Sie sich an Ihren ersten Schluck Kaffee, Bier, Wein oder Schnaps? Keines dieser Dinge hat uns geschmeckt – aber viele haben sich daran gewöhnt und müssen (ja, sie glauben, sie wollen, aber in Wirklichkeit müssen sie!) diese Genussmittel konsumieren.

Wiederholung ist die Mutter aller Weisheit!

Römisches Sprichwort

Das Geheimnis, eine Gewohnheit anzunehmen, liegt in der magischen Zahl 21 (bei Menschen): Alles, was Sie 21 Tage lang gleich denken und tun, ist bereits eine Gewohnheit. Das haben

In ihren „Hundeangst ade"-Seminaren arbeitet die Autorin mit Kindern aller Altersklassen.

Helga Schramm unterstützt mit ihrer Golden Retriever-Hündin Nadja die Projekte der Autorin.

Auch für alte Menschen bedeutet der Besuch eines Vierbeiners eine willkomme Abwechslung im Alltag.

Gehirnforscher bestätigt. Man kennt die 21-Tage-Regel auch von Menschen, denen man leider den rechten Arm amputieren musste: In den ersten Tagen nach der Operation greifen diese Menschen immer wieder unbewusst mit der fehlenden Hand nach Gegenständen. Erst nach 21 Tagen haben sich neue Nervenverbindungen im Gehirn gebildet, die den Patienten dann unbewusst und automatisch mit der noch vorhandenen linken Hand nach den Gegenständen greifen lassen.

> **!** ***Steter Tropfen höhlt den Stein.***
>
> *Ovid (Römischer Philosoph)*

Ein zweiter Faktor, der ausschlaggebend ist, wie schnell sich eine Gewohnheit bildet (ob negativ oder positiv spielt keine Rolle), ist die Intensität der Gefühle, wenn Sie die Sache erleben. Es spielt dabei keine Rolle, ob die Art Ihrer Emotionen (Gefühle) negativ oder positiv sind. Haben Sie sich in Ihrem Leben schon mal einen Knochen gebrochen? Wissen Sie noch, wie das passiert ist? Sind Sie verheiratet? Können Sie sich noch an den Zeitpunkt erinnern, als Sie sich das Ja-Wort gegeben haben? Haben Sie Kinder? Können Sie sich noch daran erinnern, wie eines Ihrer Kinder zur Welt kam? Es ist doch merkwürdig: Diese Dinge sind möglicherweise nur ein einziges Mal in Ihrem Leben passiert – und Sie können sich noch immer haargenau an alle Kleinigkeiten erinnern (na gut, beim Thema heiraten wollen sich einige vielleicht nicht mehr erinnern ..). Der Grund ist ganz einfach: Bei all den oben beschriebenen Erlebnissen war die Intensität Ihrer Gefühle sehr hoch, und da reicht es manchmal aus, dass etwas ein einziges Mal passiert, dass Sie etwas ein einziges Mal tun – und daraus bildet sich eine unauslöschliche Erinnerung.

Und nun stellen Sie sich die Frage: Wie können Sie diese Erkenntnisse jetzt auf die Beziehung zu Ihrem Hund umsetzen? Hierzu zwei Tipps:

- Je häufiger Sie eine Bewegung, eine Übung mit Ihrem Hund wiederholen, desto stärker wird sie „automatisiert“, läuft also als Gewohnheit immer gleich ab. Haben Sie also etwas Geduld mit Ihrem Liebling!
- Immer wenn Ihr Hund sich so verhalten hat, wie Sie es sich wünschen, loben Sie ihn überschwänglich, so überschwänglich, wie es nur geht. Je intensiver das positive Gefühl ist, das Sie Ihrem Hund geben und zeigen, desto schneller kommen Sie zum Erfolg!

Der Hund braucht Ziele

Der Hund auf der Veranda

Ein Mann besuchte seinen Freund und sah auf der Veranda einen Hund liegen, der immer wieder jaulte, jämmerlich klagte und sich sichtbar unwohl fühlte. Der Mann fragte seinen Freund, was denn sein Hund wohl hätte. Der Freund antwortete: „Dieser liegt auf einem Nagel, der aus der Holzplanke herausschaut.“

Der Mann schien verdutzt und fragte seinen Freund, warum denn sein Hund nicht einfach aufstehen und sich einen neuen Platz suchen würde. Der Freund erklärte es ihm: „Er muss den ganzen Tag die Schafe hüten, und er ist müde, sehr müde. Sein Schmerz ist noch nicht groß genug, um seine Müdigkeit zu überwinden.“

von Jürgen Höller

Sie werden sich sicherlich fragen, was mit der oben beschriebenen Geschichte ausgedrückt werden soll. Nun, viele Hunde (und auch Menschen), leben in bestimmten Umständen, die ihnen keine Freude, sondern sogar Schmerz verursachen – aber der Schmerz ist nicht groß genug (Nagel im Fell), als dass sie ihre Bequemlichkeit, ihren Phlegmatismus und ihre Faulheit besiegen würden (also aufstehen und sich einen neuen Platz suchen).

Bei Hundebesitzern und ihren Hunden ist dieses Verhaltensmuster häufig verbreitet: Die Beziehung ist nicht ganz harmonisch, weil der Hund entweder negative Verhaltensweisen zeigt, die Frauchen und Herrchen stören, oder aber es wäre schön, wenn der Hund bestimmte positive Verhaltensweisen zeigen würde – aber er zeigt sie nicht!

Nun, der erste Schritt besteht darin, dass Sie sich einmal Gedanken machen – und aufschreiben, was Ihr Hund denn überhaupt tun und können soll. Schreiben Sie auch auf, welches Verhalten Sie bei Ihrem Hund stört und schreiben Sie dann dazu das positive Ziel auf.

Beispiele
Negative Verhaltensweise: Der Hund zieht beim Gassigehen ständig an der Leine. *Gewünschte Verhaltensweise:* Mein Hund geht, ohne an der Leine zu ziehen, bequem mit mir Gassi.
Wenn Sie erst einmal erkannt und festgelegt haben, was Sie verändern bzw. was Sie erreichen wollen, ist der erste Schritt getan. Man nennt dies Zielfindungs-Prozess. Wenn Sie sich aber Ziele setzen, sollten Sie einige wichtige Punkte beachten, da ansonsten die Gefahr besteht, dass Sie zwar gerne wollen – aber das gewünschte Ergebnis dann doch nicht erreichen.

Ziele setzen

Schreiben Sie sich konkrete Ziele auf. Es ist wichtig, dass Sie sich diese Ziele nicht nur „denken", sondern auch aufschreiben. Alleine durch das Aufschreiben setzen Sie einen unbewussten Vorgang bei sich und Ihrem Hund in Gang.

Unterteilen Sie Ihr Ziel möglichst in kleinere Etappen. Auf diese Weise ist das Ziel nicht so weit entfernt und bei kleineren Rückschlägen verlieren Sie nicht so schnell den Mut. Außerdem werden Sie dann durch jedes erreichte Etappen-Ziel stärker an das Erreichen des Endzieles glauben.

Beispiel: Den Hund stubenrein bekommen

1. Etappenziel: Der Hund löst sich in „seinem Bereich" auf das ausgelegte Zeitungspapier.
2. Etappenziel: Der Hund löst sich auf Zeitungspapier, das in der gegenüberliegenden Ecke des Zimmers ausgebreitet ist.
3. Etappenziel: Der Hund löst sich auf großes Zeitungspapier, das im Freien ausgelegt wird.
4. Etappenziel: Der Hund löst sich auf kleine Zeitungsschnipsel, die im Freien ausgelegt werden.
5. Etappenziel: Der Hund ist stubenrein!

Formulieren Sie Ihre Ziele klar, konkret und messbar. Sie müssen wissen, was Sie wollen. Wenn Sie in einem Restaurant sitzen, bestellen Sie doch auch nicht einfach nur vage „ein Fleischgericht" – Sie bestellen ein Wiener Schnitzel vom Kalb mit Bratkartoffeln und dazu einen kleinen gemischten Salat. Formulieren Sie Ihre Ziele für Ihr eigenes Leben, aber auch für das Leben Ihres Hundes, ebenfalls klar, konkret und messbar.

> ***Eine Ziel ohne Termin ist nur eine vage Absicht!***
>
> *Jürgen Höller*

Legen Sie für jedes Ziel, auch für jedes Etappen-Ziel, einen Termin fest.

Beispiel: Viele Menschen haben natürlich das Ziel, dass ihr Hund stubenrein wird – aber sie legen keinen Termin fest! Die Erfahrung zeigt, dass die Besitzer dann häufig abwarten, bis der Hund wirklich stubenrein ist. So verbringen sie oft mehrere Monate – oder schaffen es überhaupt nicht (auch solche Hundebesitzer gibt es ...!). Durch das Festlegen eines Termins setzen Sie sich und Ihren Hund unter „Druck". Außerdem aktivieren Sie die Kräfte Ihres Unterbewusstseins.

Formulieren Sie Ihre Ziele positiv. Sie gehen doch auch nicht am Bahnhof zum Schalter und bestellen „eine Fahrkarte, aber bitte nicht nach München“! Das positive Formulieren von Zielen setzt, wiederum auf unbewusstem Wege, größere Energien und stärkeren Durchhaltewillen aus.

Formulieren Sie Ihre Ziele in der Gegenwartsform. Beispiel: In 14 Tagen ist unser Hund stubenrein!

Belohnen Sie sich. Immer wenn Sie ein Ziel (oder auch nur eine Etappe) erreicht haben, belohnen Sie sich und Ihren Liebling. Was wir damit meinen? Gönnen Sie sich und Ihrem Schützling etwas Gutes! Das motiviert Sie beide und spornt Sie an, sich das nächste Ziel vorzunehmen! Sie aktivieren dadurch den Freude-Reflex: Sie haben ein Ziel erreicht, Sie belohnen sich, Sie erleben Freude – dadurch sind Sie bereit, das nächstgrößere und schwierigere Ziel anzugehen (= Freude-Motivations-Prinzip).

Ständig neue Ziele setzen. Wenn Sie Ihr gesetztes Ziel erreicht haben, dann setzen Sie sich sofort ein neues Ziel. Sie werden feststellen, welchen Spaß es macht, sich immer neuen Herausforderungen zu stellen. Das Tollste daran ist: Ihr Hund liebt neue Herausforderungen, neue Ziele! Er möchte gefordert werden und wachsen! Und Sie, glauben Sie uns, ebenfalls!

Es gibt keine zu hohen Ziele – nur zu kurze Fristen.

Der Kauf des Hundes und die ersten Tage

Tipps zum Hundekauf

Kein Tierkauf aus Mitleid!

Immer mehr Hunde von dubiosen Massentierzuchten, Händlern oder dem Ostblock überschwemmen den heimischen Markt. Die Tiere sind zumeist nicht ausreichend geimpft und schleppen so Krankheiten ein. Der günstige Preis ist nur ein scheinbarer Vorteil. Die Gefahr der Ansteckung, die hohen Tierarztrechnungen und der Ärger stehen in keinem Verhältnis zum ersparten Geld. Den Hund aus Mitleid zu kaufen, ist ebenfalls falsch, auch wenn es dem einzelnen Welpen in Österreich oder Deutschland vielleicht besser geht. Damit fördern und unterstützen Sie nur das System der Massentierzucht auf europäischer Ebene. Niemals würde ein seriöser Züchter seine Welpen an Hundehändler verkaufen!

Wie erkennt der Laie einen Hund aus dubiosen Quellen?

- Vorsicht ist geboten, wenn in einem Inserat gleich mehrere Modehunderassen zum Verkauf präsentiert werden.
- Manchmal werden unter der gleichen Telefonnummer mehrere Inserate aufgegeben.
- Tierliebhaber sollten sich ihren vierbeinigen Liebling beim Züchter abholen können und nicht das Tier frei Haus geliefert bekommen.
- Verdächtig ist auch eine merkwürdige Welpenübergabe, z.B. auf einem Rastplatz.
- Außerdem ist es wichtig, die Mutter der Welpen zu sehen. Die Ostblocktiere werden oft viel zu früh von ihrer Mutter getrennt und sind deshalb besonders ängstlich und schwach. Die Hunde sind zumeist psychisch am Ende und krank. (Aufge-

passt, nicht jede Hündin der Rasse, die vorgestellt wird, ist auch die Mutter. Bitte unbedingt auf das Gesäuge und das Verhalten den Welpen gegenüber achten).

- Wenn die Welpen ängstlich sind und sich nicht anfassen lassen wollen, kann es sich um ein unseriöses Angebot handeln.
- Auffällig sind Menschen, die papierlose Rassehunde anbieten. Es gibt keinen anderen Grund, ohne Papiere zu züchten, als die Umgehung der Zuchtvorschriften.
- Auch, oder gerade wenn Welpen zitternd und dünn in ihren meist schönen Zwingern sitzen (dort sind sie nur, wenn die Käufer die Tiere sehen), kaufen Sie keinen Hund aus Mitleid. Natürlich würde es dieses arme kleine Würmchen bei Ihnen besser haben, und zudem kann dieser kleine Welpe nichts dafür, dass er produziert wurde, aber wenn Sie einen solchen Hund mitnehmen, unterstützen Sie diese unseriöse, tierverachtende Massenzüchtung.

Diese traurige Geschichte stammt von Daniela aus Wien. Sie soll dazu beitragen, Ihnen zu zeigen, keinen Hund aus falschen Händen zu kaufen.

Sehr geehrte Frau Kirchberger!
Ich werde Ihnen jetzt eine sehr traurige Geschichte erzählen, die mir innerlich sehr weh tut. Mein Freund und ich lieben Tiere über alles. Wir haben zwei Katzen und einen $6\,^1/_2$-jährigen Zwergschäfermischling. Wir haben uns nach langem Überlegen dazu entschlossen, noch einen Hund zu nehmen. Das hat sich alles vor zwei Wochen abgespielt. Aufgrund einer Anzeige sind wir in eine Tierhandlung gefahren, wo wir auch unseren ersten Hund gekauft haben, und wollten uns dort die Hunde anschauen. Sie hatten dort zwei kleine Golden Retriever/Spaniel-Mischlinge. Ich habe mich sofort in die eine verliebt und wir haben sie dann gekauft. Das war an einem Mittwoch. Gleich am nächsten Morgen rief ich meine Tierärztin

an und machte für Montag einen Termin mit ihr aus, damit sie die Kleine anschauen kann. Tja, am Freitag und Samstag hat es dann mit Durchfall und Erbrechen angefangen. Wir sind dann in der Nacht in die Veterinärmedizinklinik gefahren und haben sie dort auf der Geburtenstation untersuchen lassen. Sie hatte furchtbar stinkenden Durchfall und aufgrund dessen meinte der Arzt dort, sie habe eine Infektion und sie solle nichts essen, nur trinken mit einem Pulver für den Magen und Darm. Tja, ich wusste ja nicht, dass diese Diagnose falsch war und hielt mich an das. Am Montag bin ich gleich in der Früh zu meiner Ärztin gegangen und habe ihr das alles berichtet. Sie meinte gleich, dass Verdacht auf Parvovirose (eine Viruserkrankung) besteht. Ich habe nur geschluckt und dachte: „Nein, das darf nicht wahr sein." Die Kleine bekam zwei Infusionen und eine Spritze und am Nachmittag ging es ihr etwas besser. Leider meinte es das Schicksal nicht gut mit ihr und ihr Zustand wurde wieder schlechter, so dass sie am Dienstag bei meiner Ärztin in der Tierambulanz stationär aufgenommen wurde und dann nur noch am Tropf hing. Und der Verdacht bestätigte sich: Es war Parvovirose und ihre Überlebenschancen waren äußerst gering. Ich wusste weder ein noch aus. Sie war erst sieben Wochen alt. Ich verstand die Welt nicht mehr. Wieso hat sie kein Recht, gesund zu sein?
Na ja, die Kleine überstand zwar die Nacht von Dienstag auf Mittwoch, aber am Mittwoch um 22.30 Uhr rief uns dann die Ärztin an und hat uns um Erlaubnis gefragt, ob sie die Kleine einschläfern darf. In diesem Augenblick wurde mir das Herz rausgerissen. Ich weinte tagelang, fluchte auf diese Menschen, die so verantwortungslos mit kleinen Hunden umgehen, sie nicht impfen, sie einfach von der Mutter wegnehmen und eigentlich keine Ahnung haben, was sie den Kleinen antun.
Heute ist es eine Woche her, dass die Kleine eingeschläfert wurde. Was uns bleibt, sind die Erinnerungen und die paar Fotos, die wir Gott sei Dank noch gemacht haben. Warum ich Ihnen diese Geschichte erzähle? Ich möchte Ihnen ein sehr

großes Lob aussprechen, dass Sie die Hunde so aufwachsen lassen. Mit Liebe und Geborgenheit.

Daniela Krautzer

Sind Tiere unser Spiegelbild?

Sicher ist Ihnen bereits aufgefallen, wie sehr sich oft Hundebesitzer und Hund ähneln. Haben Sie sich schon einmal überlegt, warum dies wohl so ist und warum jemand einem Hund, einer Katze, einem Vogel oder einem Reptil als Haustier den Vorzug gibt?

Hunde sind Rudeltiere, für die die Rangordnung von höchster Wichtigkeit ist. Wir als Menschen werden fraglos als Führer akzeptiert. Folgsamkeit, Wachsamkeit, Treue, Spielgefährte und Beschützer zu sein sind weitere Eigenschaften, die wir von unseren Hunden erfahren, und die wir uns oft unbewusst für unser Leben wünschen.

Probieren Sie einmal folgendes Analogiespiel, alleine oder besser im Freundeskreis, aus: Schreiben Sie zuerst Ihr Lieblingstier auf, drei Eigenschaften, die Ihnen an diesem Tier besonders gefallen oder imponieren. Dann schreiben Sie jenes Tier auf, gegen das Sie Ablehnung empfinden und begründen Sie es so genau wie möglich.
Beispielsweise schreibt Susanne: Mein Lieblingstier ist der Schäferhund. Ich mag ihn, weil er treu ist, unerschütterlich zu mir hält und mich beschützt. Was ich nicht mag sind Schlangen. Sie sind unberechenbar, verschlingend und packen blitzschnell zu.
Wenden Sie nun das Spielgesetz an und ersetzen Sie die Worte Schäferhund und Schlange durch das Wort „Ich“. Daraus folgt: Ich mag mich, weil ich treu und beschützerisch bin. Zu Menschen, die ich liebe, halte ich unerschütterlich. Was mir an mir missfällt, ist meine Unberechenbarkeit. Außerdem

kann ich sofort zuschnappen, wenn ich mich angegriffen fühle.

Erkennen Sie, dass das Gegenüber immer nur Sie selbst spiegelt, und es sind die eigenen Gedanken, die auf das Gegenüber projiziert werden. Die Eigenschaften, die man an seinem Gegenüber liebt, sind genau jene, die man an sich selbst genauso mag. Es spielt dabei absolut keine Rolle, ob dies ein Mensch oder das geliebte Haustier ist. Anerkennen Sie jedoch die ungeliebten Eigenschaften und überlegen Sie genau, warum Sie diese lieben könnten. Oft ist es Angst vor der Situationen, die uns als Schutz wie Schlangen oder Tiger reagieren lassen.

Durch eine kleine Wortspielerei lassen sich die scheinbar negativen Eigenschaften in eine positive Form verwandeln. Im Fall von Susanne würde die Entschlüsselung etwa lauten: Ich bin unberechenbar und greife schnell an, wenn ich mich bedroht fühle. Warum kommt es zu solch einer Situation? Ich mag es nicht, verletzt zu werden. Was wäre so schlimm daran? Ich halte das nicht aus, solche Verletzungen zerstören mein Selbstbewusstsein. Angenommen, es würde passieren: Wie ist dann die Reaktion? Die Antwort könnte lauten: Ich brauche dieses Selbstbewusstsein, sonst fühle ich mich so wertlos und leer. Freunde wenden sich deswegen von mir ab. Ich jedoch hasse das Alleinsein, da werde ich depressiv.

Für Susanne ist es an der Zeit, sich von der negativen Gedankenstruktur „Alleine sein macht depressiv, Verletzungen zerstören das Selbstbewusstsein" zu lösen. Eine symbolische Handlung dafür wäre, diesen Satz auf ein Kärtchen zu schreiben und dieses dann zu verbrennen. Letzter Schritt ist, die Gedanken auf etwas Neues einzustimmen. Solch ein neuer, positiver Leitspruch könnte heißen: „Ich bin selbstständig und lebe meine Spontanität und schaffe es, mit meiner aktiven Tatkraft sehr schnell auf Situationen zu reagieren. Meine Freunde achten diese Haltung, auch wenn sie nicht immer mit allem konform gehen."

Es geht immer darum zu erkennen, was uns am Gegenüber stört, berührt oder ärgert. Wir treten nur mit den Dingen in Resonanz, die uns persönlich berühren. Daher schauen Sie besonders genau hin, wenn Sie Dinge am Gegenüber stören, es ist immer das Spiegelbild der eigenen Geisteshaltung.

Möchten Sie mehr über dieses Thema erfahren, gönnen Sie sich die Lektüre „Mein Haustier spiegelt mich" von Christa Kössner.

Tempel der 1.000 Spiegel

Ein Hund hörte von einem wunderbaren „Tempel der 1.000 Spiegel". Nach langem Nachdenken beschloss er, sich auf den Weg zu machen und diesen Tempel der 1.000 Spiegel zu finden. Lange Zeit war er unterwegs, und schließlich stand er auf einem Hügel und sah unter sich im Tal den weißen, herrlichen Tempel der 1.000 Spiegel. Als er langsam den Hügel zum Tempel hinunterschritt, beschlichen ihn negative Gedanken: Alles hatte er aufgegeben, alles hatte er riskiert. Was würde ihn nun erwarten? Etwas Positives? Doch hoffentlich nicht etwa eine Enttäuschung? Langsam, ängstlich und mit eingezogenem Schwanz öffnete der Hund die Tür zum Tempel der 1.000 Spiegel. 1.000 ängstliche Hunde mit eingezogenem Schwanz blickten ihn ängstlich an. Da bekam der Hund noch größere Bedenken und begann leise zu knurren. 1.000 Hunde knurrten ängstlich zurück. Da steigerte sich seine Angst und er fing an, aggressiv zu bellen – 1.000 Hunde bellten aggressiv zurück. Er bekam Panik und verließ fluchtartig den Tempel der 1.000 Spiegel – den er nie wieder betreten hat.
Ein anderer Hund hatte ebenfalls vom Tempel der 1.000 Spiegel gehört und auch er stand auf dem besagten Hügel. Voller Freude und Erwartung sprang er den Hügel hinunter, jetzt würde er endlich die Belohnung für seinen Einsatz erhalten. Voller Begeisterung öffnete der Hund die Tür – und 1.000 positive, erwartungsvolle Hunde schauten ihn an. Da wedelte der

> Hund zur Begrüßung freundlich mit dem Schwanz hin und her – und 1.000 Hunde wedelten freundlich mit dem Schwanz zurück!
>
> *von Jürgen Höller*

Übrigens, auch wenn es nichts mit dem Thema „Hundehaltung“ zu tun hat: Die Umwelt ist wirklich unser Spiegel! So wie 80 % der Menschen, die sich in Ihrem Umfeld befinden, sich verhalten, wie diese Menschen denken und handeln, sind Sie selbst! Jeder Chef hat deshalb die Mitarbeiter, die er verdient! Jeder Unternehmer hat die Kunden, die er verdient! Jeder Mensch hat die Familie, die er verdient! Jeder Vater, jede Mutter hat die Kinder, die sie verdienen! Menschen sollten also aufhören, über die „anderen“ in ihrem Umfeld zu jammern – sondern beginnen, sich selbst zu verändern.

! *Nichts ändert sich, außer wir ändern uns!*

Wie wird mein Hund stubenrein?

Mit der Ankunft im neuen Heim beginnt die Erziehung des Hundes. Sofort und gleich. Der Welpe lernt jeden Tag dazu, ihm soll daher auch nicht „ausnahmsweise“ etwas erlaubt werden, das am erwachsenen Hund unerwünscht ist! Er soll in aller Ruhe das neue Zuhause entdecken, erriechen und spielerisch erforschen. Begleiten Sie am Anfang Ihren Hund „auf Schritt und Tritt“. Loben Sie ihn für jede „positive Tat“ – und er wird dieses Verhalten wiederholen.

Lassen Sie ihn jedoch nicht ohne Aufsicht. Sie sollten ihm überallhin folgen, um ihn dabei zu „erwischen“, wie er etwas richtig macht. Vielleicht schnuppert er an Ihren Lieblingspflanzen oder Schuhen, dann loben Sie ihn überschwänglich.

Wenn Sie zu ihm sprechen und ihm erklären, dass er sich auf ihrem Teppich nicht entleeren darf, dann wird er Sie ganz dumm ansehen. Verstehen tut er kein Wort. Er sieht zumindest am Anfang den Wohnbereich und große Räume nicht als „seine Wohnhöhle" an. Aus diesem Grund kotet er hinein. Auch wenn Ihnen vom Züchter oder Vorbesitzer gesagt wurde, dass der Hund bereits stubenrein sei: Die meisten Hunde können das in ihrem bisherigen Zuhause Gelernte nicht ohne weiteres auf die neue Umgebung übertragen. Dazu kommt noch der Stress und die Aufregung.

Die „Wohnhöhle"

Am aller einfachsten bekommen Sie den Hund mithilfe einer Transport-Box stubenrein. Es ist kein Wegsperren. Es ist eine Einstellungssache, es ist das Kinderzimmer. Wenn Sie die Vorstellung haben, es ist ein „Kinderzimmer" und Sie sagen Ihrem Kind: „Hör zu, geh jetzt ins Kinderzimmer spielen. Mama hat jetzt keine Zeit", machen Sie es mit dem Hund genauso.

Meine Yorkie-Hündin Marilyn hatte früher einmal panische Angst vor Männern, weil sie vorher bei einem Besitzer war, der sie sehr oft geschlagen hat. Sie ist damals nicht zu mir gekommen, sondern in die Transport-Box geflohen. Sie hat gewusst, da ist sie zu Hause, da kann sie alles überblicken. Es geht bei mir so weit, wenn einer meiner Hunde in seiner Transport-Box sitzt, hat keiner hinzugehen, ich verbiete jedem, dort hineinzugreifen. Ich lasse auch nicht zu, dass Besucher, egal wer es ist, den Hund herausholt. Die Transport-Box ist tabu für jeden! So wissen die Hunde, dass dies ihr Zuhause ist, da greift sie niemand an, da beschützt „Mama" sie und da fühlen sie sich auch wohl. Sie können dem Hund diese Box sehr schnell schmackhaft machen.

Im Gegensatz zu einem Wohnraum ist eine Transport-Box klein genug, um sie als Höhle anzusehen. Der Welpe hat von seinem Rudelführer schon gelernt, seinen eigenen Schlafplatz nicht schmutzig zu machen. In diese Box wird er daher nicht hineinkoten. Sie können den Hund herausnehmen und dorthin bringen, wo Sie möchten, dass er sich löst. Wenn Sie ihm einen zu großen Bereich gäben, würde er diesen nicht als seine Höhle ansehen.

Der Vorteil einer Transport-Box ist, dass Sie den Hund überallhin mitnehmen können. Die Transport-Box sollte für den Hund seine private, eigene Höhle sein, die Sie überall dabei haben. Wenn er das als positiv ansieht, können Sie mit ihm auch zum Tierarzt fahren und er fühlt sich wohl, wenn er in seiner „Höhle" ist. Die befürchteten Ängste vor dem Tierarzt sind somit weitgehend vermindert. Der Hund freut sich, wenn er gleich in seine „Höhle" zurückgehen kann. Bei vielen Hunden beobachtet man immer wieder, dass sie, sobald sie in ihrer Box sind, gleich wieder Futter annehmen.

Übrigens, seine „Wohnhöhle" sollten Sie auch in den Urlaub mitnehmen, er hat dann sein Zuhause mit und wiederum weniger Stress. Sie können zum Trainingsplatz fahren, und er ist dort wesentlich besser untergebracht als in einer fremden Box. Dort hat er sein eigenes Spielzeug, seine eigene Decke, seinen Trinknapf und er weiß, da ist er zu Hause. So kommt er viel eher zur Ruhe.

Wenn Sie Ihren Hund langsam und schrittweise an die Box gewöhnen und er damit nur positive Erfahrungen verbindet, gewöhnt er sich daran und weiß, dass er in der Box gut beschützt und aufgehoben ist.

Vor ein paar Wochen besuchte ich bei Hundetherapeutin Katharina Aberle eines ihrer Clickertraining-Seminare. 14 verschiedene Hunderassen, groß und klein, waren dabei. Die kleinen Zwerge versuchten in der Mehrzahl, die Großen zu übertönen. Alle waren sehr aufgeregt, sie wussten nicht, wie ihnen geschah. Sie waren in einer fremden Umgebung mit fremden Hunden und hatten nichts Vertrautes in ihrer Nähe. Es waren nur zwei Hunde dabei, die an eine Transport-Box gewöhnt waren, und diese waren, als sie herausgeholt wurden, wesentlich entspannter als die anderen. Es ist für die Hunde wie ein Stück

Zuhause. Eines ist sicher: Wären all diese Hunde von Anfang an an ihre „Höhle“ gewöhnt worden, hätten sie diesen Stress nicht gehabt.

So gewöhnen Sie Ihren Hund an die Transport-Box

- Legen Sie etwas Leckeres zu Ihrem Hund in die Box hinein. Machen Sie die Box zu und halten Sie Ihre Hand durch das Gitter hinein.
- Beim nächsten Schritt ziehen Sie die Hand heraus. Sollte er anfangen zu schreien, bleiben Sie bei ihm, aber beachten Sie das Jammern nicht. Nicht ansprechen und nicht beachten. Es kann sein, dass er eine halbe Stunde quietscht. Lesen Sie nebenbei ein Buch. Er sieht und riecht Sie, Sie sind ja da. Er muss lernen, dass er sich in dieser Situation nicht durchsetzen kann.
- Wenn er es ohne Hand aushält, gehen Sie im Raum auf und ab, tun Sie etwas im Raum. Er soll wissen: Sie sind da. Wenn er entspannt liegt, gehen Sie zum nächsten Punkt über.
- Gehen Sie ab und zu aus dem Raum. Kommen Sie immer wieder zurück, aber beachten Sie ihn nicht.
- Arbeiten Sie in einem anderen Raum, so dass er Sie hört. Kommen Sie nur noch selten in den Raum.
- In ca. 14 Tagen dürfte er die Transport-Box toll finden. In dieser Zeit hat er sich schon ca. 50 Mal gelöst, wo Sie es wollten, und er ist stubenrein. Wenn er jetzt eine Stunde allein bleibt, sind später, wenn er sich daran gewöhnt hat, vier oder fünf Stunden kein Problem mehr.

Können Sie sich dennoch auf keinen Fall mit einer „Höhle“ anfreunden, nehmen Sie den Hund während der Erziehung zur Stubenreinheit immer dorthin mit, wo Sie sich gerade befinden. Lassen Sie ihn keinen Augenblick alleine. Wenn Sie den Hund in einen kleinen Raum geben, in dem man leicht aufwischen kann, dann ist es angenehmer für den Hund, wenn Sie die Tür offen lassen, damit er Sie sehen und hören kann. In diesem Fall wird die Türöffnung mit einem Gitter oder ähnlichem abgesperrt. In einer Ecke des Raums befindet sich das Schlaflager des Hundes und in der diagonal gegenüberliegenden Ecke wird Papier ausgelegt. Gesunde Welpen verlassen den Liegeplatz und koten und harnen auf das Papier!

Das ist eine Möglichkeit, den Hund an einen Untergrund zu gewöhnen. Später vergrößert man die Bewegungsfreiheit, sodass der Junghund lernt, den gesamten Wohnbereich als Liegeplatz bzw. „seine Wohnhöhle" aufzufassen.

Sollte Ihnen der Hund Leid tun und Sie begrenzen seinen Aktionsradius nicht, dann wird er sich voraussichtlich lösen, ohne dass Sie das bemerken. Jedes Mal koten oder Harn ablassen ist für den Hund eine sofortige Belohnung. Es ist eine Erleichterung. Die Untergrundgewöhnung wird in diesem Fall an Ihren Teppich oder Boden erfolgen. Lassen Sie es gar nicht so weit kommen. Bevor er nicht wirklich stubenrein ist, darf er nicht ohne Aufsicht im ganzen Wohnbereich frei herumlaufen.

! ***Ihr Hund darf nur in Ihrer Begleitung den ganzen Wohnraum erforschen. Dann können Sie sofort strafend eingreifen, wenn ein Malheur passiert – und der Hund bringt diese negative Erfahrung auch direkt mit dem Koten und Harnen in Verbindung!***

Der Hund muss zuerst einmal Ihren Lebensrhythmus kennen lernen, genau wie Sie den seinen. Die innere Uhr des Hundes geht sehr genau. Er merkt sich, wann gegessen, aufgestanden, gespielt, fortgefahren, eingekauft usw. wird. Er wird bald feststellen, dass es Wochenenden gibt. Von Montag bis Freitag stehen Sie sehr früh auf. Dann kommt das Wochenende und plötzlich schlafen Sie bis 11.00 Uhr, weil es vielleicht am Vorabend in der Disco so lustig war. Ein Rhythmus entsteht nicht von heute auf morgen; die Wochenenden müssen sich wiederholen. Oder jeden Morgen geht vielleicht Ihr Mann

Die „gute Kinderstube" beim Züchter bildet die Grundlage für ein glückliches Hundeleben. Dazu gehören auch Kontakte mit anderen Hunden.

Motivation ist die Grundlage für das Lernen – für Gehorsamsübungen ebenso wie für kleine Kunststücke.

zum Bäcker, jeden Mittwoch Sie zum Friseur. Das ist Rhythmus.

Grundsätzlich gibt es drei mögliche Situationen, bei denen oder nach denen Ihr Hund sich lösen muss:

- nach dem Schlafen,
- nach dem Fressen (immer zur selben Zeit geben),
- während des Spielens.

Nun eine Frage an Sie: „Was machen Sie als erstes, wenn Sie morgens aufstehen?“ Nun sagen Sie bitte nicht das, was ein Bub als Antwort in meinem Seminar gegeben hat: „Zum Kühlschrank gehen.“ Natürlich auf die Toilette. Genauso ist es beim Hund. Wenn er aufwacht, hat er nichts anderes im Sinn, als sich so rasch wie möglich zu entleeren. Wenn Sie jedoch vorher ins Bad gehen und sich hübsch machen, wird er nicht auf Sie warten.

Nun ist Ihr Einsatz gefragt. Am Anfang ist es daher ganz wichtig, dass Sie ihn sofort hochnehmen. Bekleiden Sie sich dann notdürftig – und sofort raus mit ihm. Wenn Sie die Geduld dazu haben und der Hund die Zeitung als Löseplatz kennt, können Sie ihn dort absetzen. Die Untergrundgewöhnung ist besonders ratsam bei kleinwüchsigen Rassen und für ältere Menschen. Bei großen Hunderassen achten Sie bitte darauf, dass der Untergrund, also die Zeitung, ca. einen Quadratmeter groß ist.

Katzenklos mit Streu sind nicht geeignet. Viel besser ist es, ein Stück Plastik aufzulegen und dann die Zeitung darüber. Ein Blatt der Zeitung, wo er schon einmal draufgegangen ist, lassen Sie liegen. Zeitung ist somit für ihn grünes Licht und für Sie, als lieber Hundefreund, gilt, keine Zeitungen oder Papier am Boden liegen zu lassen. Es ist auch möglich den Hund an Katzenklos zu gewöhnen, aber achten Sie darauf, dass es der Größe des Hundes entspricht. Wichtig ist, dass diese Wannen niedrig sind. Anfangs werden Sie den Hund immer und immer wieder hineinheben müssen, bis er versteht, was Sie von ihm wollen. Oft ist die Zeitung am Boden die einfachere Methode.

Im Laufe der Zeit können Sie die Zeitung in kleinen Stücken wie einen Laufteppich bis hin zur Haustüre auslegen. Wenn der Hund an die Zeitung gewöhnt ist, nehmen Sie ihm ein Stück von der Zeitung mit und legen Sie ihm diese Untergrundgewöhnung im Freien aus, wo Sie gerne möchten, dass er sich löst. Reißen Sie ihm die Zeitung in immer kleinere Stücke, bis er nur mehr zwei Pfoten darauf stellen kann. So können Sie ihn langsam von der Zeitung auf den Boden umgewöhnen. (Das würde auch bei Teppichen funktionieren. Wenn Sie es übersehen haben und Ihr Hund seit Ewigkeiten auf den Teppich geht, dann nehmen Sie wie bei der Zeitung stattdessen ein Stück Teppich und schneiden es immer kleiner und kleiner.)

Haben Sie einen Hund, der sich draußen absolut nicht lösen will, nehmen Sie statt der Zeitung als Untergrundgewöhnung Torf. Dann ist er gewohnt, auf Erde zu gehen. Dann haben Sie kein Problem, dass er sich draußen löst. In dem Moment, wo er draußen Erde unter den Pfoten verspürt, löst er sich auch draußen. Die Hundetoilette soll sich nicht direkt neben dem Schlafplatz befinden. Hunde riechen das nicht gerne. Es soll auch ein eher ruhiger Platz sein.

Grundsätzlich gilt: Wenn der Hund ein Nickerchen macht und aufwacht, sofort hinaus mit ihm. Die meisten Hunde müssen auch kurz nach dem Fressen raus. Wann? Das werden Sie herausfinden!

Manchmal kann es auch passieren, dass der Hund während des Spielens plötzlich muss. An der Körpersprache des Hundes ist es zu erkennen, wann genau es so weit ist: Zumeist fangen sie ganz aufgeregt an, am Boden zu schnuppern. Dann folgen einige Drehungen im Kreis und erst dann setzt er sich.

Beobachten Sie ihn genau. Jeder Hund zeigt ein anderes Verhalten. Suchen Sie einen geeigneten, ruhigen Platz im Freien für ihn. Gehen Sie mit ihm immer an dieselbe Stelle. Geben Sie ihm Ihr Kommando, das funktioniert genauso wie bei „Sitz“.

Sobald Ihr Hund „macht“, geben Sie ein Kommando. Nach einiger Zeit wird er das Kommando kennen und sich sofort lösen.

Haben Sie einen Garten, brauchen Sie sich um die Toilettengewohnheiten Ihres Hundes nicht zu kümmern. Außer Sie wünschen eine bestimmte Stelle, dann erlauben Sie es ihm immer nur dort. Der Hund sollte in regelmäßigen Abständen nach draußen gebracht werden. Die Abstände sollten mit zunehmendem Lebensalter vergrößert werden. Jedes Koten und Harnen bei den Ausgängen oder in der Nähe der Zeitung sollte gelobt werden.

Leider ist es so, dass Hunde ihr Geschäft nicht immer so schnell draußen erledigen, wie wir es gern hätten. Holen Sie tief Luft und laufen Sie mit ihm um den Häuserblock, durch die schnelle Bewegung bekommt der Hund den Drang, sich zu lösen.

Haben Sie das erste Mal draußen einen Erfolg, so übertreiben Sie beim Loben übermäßig. Reden Sie mit ihm sehr freundlich, wie gut er doch seine Sache gemacht hat. Verwöhnen Sie ihn mit einer Portion Motivation = Leckerli. Warum sollten Sie nicht ein wenig mit ihm albern?

Häufig ist das erste Mal draußen Gassi machen nicht sehr einfach. Er zittert womöglich am ganzen Körper und sonst passiert nichts. Kaum sind Sie wieder in der Wohnung, setzt er sich auch schon hin und macht sein Geschäft. Es ist durchaus möglich, dass Sie einen Augenblick der Verzweiflung erleben. Aber denken Sie wie Winston Churchill: „Never, never, never, never give up!“

Es ist gut, wenn Sie ihn auf frischer Tat ertappen. Nun ist Ihr Auftritt gefragt: Reinigen Sie die beschmutzte Stelle erst später und lassen Sie ihn dabei nicht zusehen, wie Sie das wegmachen. Stattdessen tragen Sie ihn blitzartig an die gewünschte Stelle, wo er sich lösen soll. Jeder Hund ist anders zu motivieren. Ist es ein sensibler kleiner Hund, müssen Sie sanfter mit ihm umgehen – strenge Wörter reichen aus.

Auf keinen Fall die Schnauze in seinen Kot tauchen! Das wäre unhygienisch und er würde nicht verstehen, was Sie von ihm wollen. Mit der Wasserpistole können Sie den Hund, wenn er sich an einem „falschen" Ort löst, schon aus der Entfernung erschrecken. Anschließend gehen Sie mit ihm hinaus. Natürlich muss er nicht mehr, er hat ja schon. Er soll aber erkennen, wo er sein Geschäft hätte machen sollen.

! *Einer der wichtigsten Grundsätze ist: immer unmittelbar nach der Tat bestrafen! Einige Minuten später erkennt der Hund keinen Zusammenhang mehr. So verfahren Sie nun so lange, bis der Hund begriffen hat, was Sie von ihm wollen.*

Bei manchen Hunderassen, wie z.B. den Golden Retrievern, kann es unter Umständen in nur wenigen Tagen zur Stubenreinheit kommen. Die einen lernen schnell und die anderen begreifen es erst nach längerer Zeit. Es liegt auch daran, wie gut Sie Ihre Wünsche vermitteln.

Es gibt viele Methoden, um Hunde stubenrein zu bekommen. Es gibt auch Ansätze der antiautoritären Erziehung. Da wird beispielsweise empfohlen: „Verunreinigt der Hund Ihren Boden, schimpfen Sie nicht. Reinigen Sie die Stelle ohne etwas dazu zu sagen." Liebe Hundefreunde, wenn Sie wollen, können Sie es auch mit dieser Methode probieren, erwarten Sie aber keinen Erfolg. Wie soll der Hund begreifen, dass er das nicht tun sollte? – Aber wie auch immer. Wählen Sie selbst!

Dann gibt es noch eine alte Dame mit 83 Jahren namens Frau Grusel. Sie hatte sich bei mir einen kleinen Chihuahua gekauft. Nach einem halben Jahr rief Sie bei mir an und sagte, dass er einfach nicht rein wird. Ich fragte Frau Grusel wie sie es anstelle. „Ja, wenn mein lieber Burli gerade in der Woh-

nung sein Geschäft verrichtet, unterbreche ich ihn nicht dabei, das ist ja unangenehm für ihn."
Diese Rücksichtsnahme in allen Ehren, aber: Wenn Sie ihn „dabei" erwischen, erschrecken Sie ihn sofort, es könnte auch ein weiches Polster sein, das Sie nach ihm werfen, er zuckt zusammen und stoppt.
Wie Frau Grusel denn ihren Hund schimpft? Frau Grusel hat eine liebe und sanfte Stimme und Burli empfindet alles als Lob ... Auf diese Art und Weise wird der Hund von Frau Grusel nie stubenrein.

Viele junge Hunde lassen gerne einmal ein wenig Urin ab, wenn sie aufgeregt sind oder sich freuen. Dafür dürfen Sie ihn nicht bestrafen, da dies ein unwillkürlicher Reflex ist, den er noch nicht regulieren kann. Um die 3. Lebenswoche ist eine halbwegs gute Kontrolle des Schließmuskels schon gegeben. Ab der 10. bis 12. Lebenswoche sind Welpen in der Lage, ihre Schließmuskeln für längere Zeit unter Kontrolle zu halten. Es gibt aber individuelle und rassespezifische Unterschiede.

Wenn ein Welpe schon mit 8 oder 9 Wochen sauber ist, so liegt es in der Regel daran, dass sein Besitzer sehr aufmerksam zu seinem Welpen ist. Erwarten darf man es aber in diesem jungen Alter von ihm noch nicht. Die schnellsten Ergebnisse erreichen Sie durch ununterbrochenes Aufpassen. Einen kleinen Hund stubenrein zu bekommen ist sicherlich schwieriger als bei einer Katze und erfordert am Anfang ein wenig Durchhaltevermögen.

! ***Die Unsitte, den Welpen mit der Nase in sein Häufchen oder den Urin zu stupsen, um ihn zu strafen, ist völlig unsinnig. Der Kleine wird verunsichert und begreift überhaupt nichts mehr. Nur ein Lob, nachdem er das getan hat, was Sie von ihm erwarten, fördert das Lernen und das Verstehen.***

Und zu guter Letzt, bedenken Sie: Wir Menschen benutzen die Toilette, um uns zu erleichtern. Bei Hunden spielt ein zweiter Aspekt mit. Für sie ist das ein Mittel, um mit anderen Hunden zu kommunizieren. Hunde gehen am liebsten dorthin, wo andere Hunde schon waren. Ihnen ist es vollkommen egal, wo das ist. Schamgefühl hat der Hund nicht. Daher erlauben Sie ihm von vornherein nicht, mitten auf dem Gehsteig sein Geschäft zu verrichten.

Wenn es doch passiert ist, sollte es selbstverständlich sein, die kleinen Malheure wieder in Ordnung zu bringen. Einfach ein gewöhnliches Plastiksackerl über die Hand stülpen, Häufchen einsammeln, Knoten in das Sackerl und bei nächster Gelegenheit entsorgen.

Es ist für den Hund kein Problem zu lernen, seine Pausen dort einzulegen, wo wir das wünschen. Hunde beobachten uns Menschen besonders dann sehr genau, wenn wir uns viel mit ihnen beschäftigen. Dann versuchen sie alles zu erahnen, was wir wollen, denken und fühlen. Ständig wollen sie mit ihrem Benehmen alles so machen, dass wir uns darüber freuen und sie dafür ein Leckerli bekommen. Sie versuchen herauszufinden, was wir wohl als Nächstes machen. Das bereitet ihnen Freude, das ist für sie Motivation und sie brauchen jemanden, der da ist und das Kommando übernimmt.

> ***Das Leichte am Anfang ist schwer, das Schwere später ist leicht zu lernen.***
>
> *Jürgen Höller*

Der Hund allein zu Hause

Ein allein auf sich gestellter Welpe wäre ein toter Welpe – zumindest in der Natur. Daher ist es normal, dass der Welpe von sich aus nicht gern allein bleiben möchte. Wir müssen ihn erst langsam und schrittweise daran gewöhnen, dass zeitweises Alleinsein keine Gefahr für ihn bedeutet. Dabei ist es wichtig, dass der Hund:

- nicht in Panik gerät,
- nicht etwas, das ihm nicht gehört, zerstören kann,
- wenn er alleine ist, nicht auf Belohnung wartet. Ansonsten kann er sich nicht entspannen. Oft wird der Fehler gemacht, dass, wenn die Besitzer zurück sind, sofort ein Leckerli hergegeben wird. So wartet der Hund ständig auf die Belohnung und kann sich nicht entspannen. Mehr und mehr wird ihm bewusst, dass er alleine ist.

Wenn ein neuer Hausgenosse erwartet wird, gilt grundsätzlich: Den Hund gleich am ersten Tag schon kurz alleine lassen. Damit ist er von Anfang an daran gewöhnt, alleine bleiben zu müssen. Das können Sie sehr gut kombinieren, da der Welpe oder auch ein älterer Hund ohnehin noch nicht wirklich stubenrein ist. Wenn Sie keine Zeit haben, muss er so oder so an einem Ort bleiben, wo er nichts anstellen kann. Nun, was wird wohl passieren, wenn Sie ihn einfach in einen kleinen Raum oder eine Transport-Box sperren?

Er wird vielleicht nur jammern oder auch bellen. Wenn er die Möglichkeit dazu hat, kann er auch einiges ruinieren. Wenn er Krach macht, begehen die meisten Menschen den Fehler und geben gleich nach. Womöglich wird versucht, ihn zu trösten. Dann haben Sie für immer verloren. Er wird versuchen, Ihr Verhalten hemmungslos auszunützen. Nicht nur in dieser Situation, sondern auch bei ganz anderen Gelegenheiten. So einfach geht das also nicht.

Keine Mutter lässt ihr Kind unbeaufsichtigt. Entweder wird das Kind zu einem Babysitter gebracht oder es wird so beaufsichtigt, dass nichts passieren kann. Dem Hund gegenüber wäre es unfair, andere Regeln aufzustellen. Kinder haben ihren Kinderwagen. Hunde die Transport-Box. Wenn Sie jedes Mal das Kind aus dem Wagen nehmen, wenn es schreit, wird das Kind Sie Tag und Nacht tyrannisieren. Wenn der Hund in seiner Transport-Box sitzt, kann er Sie sehen und riechen, Sie sind ja da, aber herausnehmen oder streicheln dürfen Sie ihn nicht.

Ich kann mich noch gut an einen größeren Wurf von unseren Golden Retrievern erinnern. Acht quirlige Welpen. Wir hatten eine wunderschöne Gartenhütte, welche auch als Geburtsstätte diente. Als die Welpen etwa 4 bis 5 Wochen alt waren, war der Zeitpunkt gekommen, sie im Garten frei laufen zu lassen. Das machte ihnen sichtlich viel Spaß, zusammen mit den vielen kleinen Zwerghündchen von mir in unserem Garten von über 4.000 m^2 herumzutollen. Der Wind, die Sonne, es war einfach schön.
Am Abend sagte ich zu meinem Mann: „Der Boden ist doch sehr kühl, gib die Hunde über Nacht wieder zurück in die Hütte." Was glauben Sie, was passierte? Sie fingen an zu winseln, zu heulen und zu bellen, es war schlimm.
Wir haben einen sehr empfindlichen Nachbarn, da müssen wir Rücksicht nehmen. Mein Mann versuchte, sie zu beruhigen und dachte, mit Futter wird es schon gehen. Das war ein großer Irrtum, das war für die Welpen „Motivation", Belohnung für ihr Verhalten. Und so winselten und bellten sie munter weiter. Es dauerte eine ganze Weile, ehe wir ihnen begreiflich machen konnten, dass sie wieder zurück in die Gartenhütte sollten, und das in aller Stille.

von Edith Anna Kirchberger

Trennungsangst

Aus einem Problemverhalten kann schnell ein Verhaltensproblem werden. Das tritt häufig bei Hunden auf, die es zunächst nicht gewohnt waren, alleine zu sein, und auch bei Hunden, die nahezu ununterbrochen Kontakt zu ihrem Besitzer hatten.

Wenn der Hund allein ist, regt er sich auf, bekommt Panik, er versucht, sich einen Ausgang zu buddeln. Auf lange Sicht entwickelt sich die Verlassensangst zu einem ernsthaften Verhaltensproblem. Deshalb ist es wichtig, dass ihm beigebracht wird: „Alleine sein ist normal."

Haben Sie Nachbarn, die sich beschwert haben, weil Ihr Hund zu laut war, erzählen Sie ihnen von diesem neuen Programm und bitten Sie um Mithilfe. Die Nachbarn sollen genau aufschreiben, um wie viel Uhr und wie lange er laut war. So haben sie das Gefühl, mitzuarbeiten, und Sie haben zwei Wochen Zeit, ihr Problem in den Griff zu bekommen. Wenn die Situation schon zu verfahren ist, bitten Sie eine dritte Person, das Gespräch zu führen.

Wenn der Hund nie alleine gelassen wurde und der Hundehalter dann plötzlich den Hund für mehrere Stunden zu Hause alleine lässt (Kino-, Theaterbesuch, einkaufen, ...), kann der Hund das nicht einordnen. Er muss also lernen, dass der „Rudelführer“ wieder kommt. Dies kann man ihm folgendermaßen beibringen:

Alleinbleiben schrittweise lernen

Dabei lernt der Hund zunächst, in einem kleinen Raum zu bleiben. Es ist ähnlich wie mit der Transport-Box, nur hier sieht er Sie nicht und es besteht die Gefahr, dass er in Stress gerät. Daher wäre es gut, wenn er Sie dabei zunächst sehen und riechen kann.

Man gibt den Hund zunächst in ein separates Zimmer, während man in der Wohnung ist. Verhält er sich ruhig, belohnt man ihn immer wieder durch Betreten des Raumes mit Streicheleinheiten oder Leckerlis. Verlassen Sie den Raum dann wieder. Beginnt er zu bellen oder zu jaulen, so geht man kurz in das Zimmer und gibt ihm ein Kommando („Ruhig“ oder „Aus“). Keinesfalls soll man den Hund aus dem Zimmer nehmen, sobald er bellt oder an der Tür scharrt. Ansonsten belohnt man dieses Verhalten und es wird sich noch verstärken.

! ***Geben Sie niemals dem Hund nach. Dies belohnt geradezu sein Verhalten. Loben und belohnen Sie ihn, wenn er sich richtig verhält (leise ist)!***

Beim nächsten Schritt verlässt man die Wohnung für kurze Zeit und dehnt diese Intervalle immer weiter aus. Man muss dabei wirklich so tun, als ob man das Haus verließe. Vor der Wohnungstür stehen zu bleiben ist sinnlos, da der Hund seinen Besitzer durch die Tür am Geruch erkennt.

Vor dem Gehen soll der Besitzer sich nicht überschwänglich verabschieden, sondern z.B. nur sagen: „Der Hund muss warten!“ Auch die Begrüßung sollte neutral erfolgen, am besten ist es, den Hund zunächst nicht zu beachten.

Vergleichbar ist die Transport-Box oder der Raum mit einem Kinderzimmer. Manchmal schickt man Kinder in ihr Zimmer. „Mama hat zu tun, sie braucht Ruhe, geh bitte ins Zimmer. Bitte, die Mama muss bügeln, geh ins Kinderzimmer. Bitte, wir haben jetzt die Bauarbeiten, dass dir nichts passiert, geh ins Zimmer spielen, Mama holt dich dann.“(Vielleicht kommt Ihnen „Mama“ seltsam vor, dann ersetzen Sie es mit „Herrchen“ oder „Frauchen“. Da ich aber meine Hunde über alles liebe, fühle ich mich als ihre „Mama“...)

Zerstörungswut

Wenn Sie alles richtig gemacht haben, wird es nie zur Zerstörungswut kommen! Bei der Zerstörungswut ist es angebracht, den Hund, wenn man ihn sozusagen „in flagranti“ ertappt, zu bestrafen. Da Gegenstände beschädigt werden und das Verhalten nicht gegen den Besitzer gerichtet ist, ist hier, wenn möglich, eine anonyme Bestrafung angebracht.

Bei der Trennungsangst ist hingegen eine Bestrafung kontraproduktiv, da der Erregungszustand dadurch noch verschlimmert werden kann. In beiden Fällen gilt: „Immer, und nur wenn er alleine gelassen wird, bekommt er seinen Lieblingskauknochen, ansonsten vergreift er sich an Ungeeignetem.“ Achtung: Keine „richtigen“ Knochen geben, die führen zu Verstopfung. Manche können sogar splittern und den Darm aufschlitzen!

Autofahren

Zeigen Sie dem Hund, dass Ihr Auto ein Ort ist, wo es schön ist, wo es Motivation gibt. Machen Sie Ihr Auto zu seinem Lieblingsort/-platz. Verknüpfen Sie Autofahren mit etwas Positivem. Die erste Fahrt sollte daher nicht zum Tierarzt führen. Durch eine unangenehme Erfahrung entsteht Stress, das kann in der Folge ein Auslöser dafür sein, dass Ihr Hund nicht gerne mit dem Auto fährt.

! ***Die erste Autofahrt sollte für den Hund ein positives Erlebnis sein!***

Sollten Sie mit dem Hund zum Arzt fahren müssen, dann halten Sie vor der Praxis an, geben ihm ein kleines „Leckerli" und gehen mit ihm Gassi. Erst dann gehen Sie in die Arztpraxis. So verbindet Ihr Hund mit dem Autofahren etwas Schönes (Leckerli, Gassi). Bei den ersten Autofahrten sollten Sie den Hund nicht füttern. Im Auto dürfen Sie ihm sein Lieblingsspielzeug geben, um ihn zu motivieren. Sie merken, dass Ihrem Hund schlecht ist, wenn er anfängt, sich pausenlos über die Nase zu schlecken.

Hat der Hund Angst vorm Autofahren, ist zu empfehlen, den Motor erst gar nicht anzulassen. Hat der Hund eine Panik vorm Autofahren, gehen Sie in vielen kleinen Teilschritten vor: steigen Sie mit ihm immer wieder ins Auto, geben Sie ihm Leckerlis im Auto, spielen Sie mit ihm im Auto. Geben Sie ihm seine Mittagsmahlzeit im Auto, ohne dass sonst etwas passiert.

Der nächste Schritt ist, dass Sie den Motor anlassen und all diese Motivationsübungen durchführen. Denken Sie daran, zu Beginn des Trainings die Autotür offen zu lassen. Empfehlenswert ist auch, im Freien und nicht in der Garage zu trainieren. Allmählich wird er das Auto mit etwas sehr Positivem verbinden. Schritt für Schritt fangen Sie nun an, das Auto in Bewegung zu setzen. Wenn er das aushält, dem Hund einige Leckerlis geben.

! *Bei Fahrten über fünf Minuten ist es sinnvoll, den Hund mindestens eine, besser mehrere Stunden vorher nicht zu füttern, um eine Übelkeit zu vermeiden, die wieder eine schlechte Erfahrung für ihn wäre.*

Bei der Ladefläche eines Kombis kann es Probleme geben, da die Hunde unweigerlich hin- und herrutschen. Ein fest montiertes Körbchen kann hier Abhilfe schaffen. Eine Box, wenn er an diese gewöhnt ist, wäre auch eine sehr gute Lösung. Achten Sie beim Autofahren darauf, dass keine ruckartigen Bewegungen entstehen. Kurvenreiche Strecken sollte man zu Beginn, wenn möglich, meiden.

Sie werden schnell merken, wie entzückt Ihr Hund ist, wenn er das nächste Mal wieder mitfahren darf! Noch mehr Motivation entsteht, wenn Sie am Ende der Fahrt mit ihm spazieren gehen. Er verbindet somit Autofahren mit Ausflug und dass jemand Zeit für ihn hat.

Wenn wir mit unserem Auto in den Garten fahren und die Tür offen lassen, ist das immer sehr aufregend. An die 50 kleine Hunde tummeln sich dort und wollen alle ins Auto rein. Sie kennen alle das Auto, da wir jährlich zum Impfen eine Strecke von 15 km zurücklegen. Anschließend gibt es immer einen ausgedehnten Ausflug. Natürlich sitzen unsere Hunde nicht alle gleichzeitig im Auto.

Kleine Hunde vertragen das Autofahren besser, wenn sie einen Platz am Boden haben. Besitzen Sie einen Kombi, ist das für große Hunde sehr angenehm, da der Hund hinten sogar liegen kann.

Eine weitere Möglichkeit bei Panikreaktionen beim Autofahren, ist mit Tellington TTouch (Maularbeit, Ohrenarbeit, Körperbandage) zu arbeiten. Gute Erfolge wurden auch schon mit Bachblüten erzielt.

Wichtig ist, dass der Hund nicht ohne Ihre Erlaubnis aus dem Wagen springt. Macht er dies, öffnen Sie nur einen Spalt und lassen Sie ihn nicht durch. Er wird stoppen müssen. Sie geben den Befehl „Warte". Dann wird er gegebenenfalls angeleint und dann erst darf er raus. Achten Sie vor jeder Autofahrt darauf, dass der Hund die Möglichkeit hatte, sich vorher zu entleeren. Achten Sie auch darauf, dass es Länder gibt, in denen für Hunde Gurtpflicht besteht. Bei Nichteinhaltung sind die Strafen sehr hoch.

Hitze bringt tödliche Gefahren

Wenn der Hund im Auto warten soll, achten Sie besonders auf die Sonneneinwirkung. In kürzester Zeit heizt sich Ihr Fahrzeug unerwartet auf, was der tierische Insasse mit seinem Leben bezahlen könnte. Schon bei einer Außentemperatur von 15 °C kann es im Auto bis zu 60 °C heiß werden!

Wenn die Luftfeuchtigkeit und die Umgebungstemperatur zu hoch sind, hilft hier dem Hund das Hecheln auch nicht weiter. Bei hohen Temperaturen den Hund niemals, auch nicht für kurze Zeit, im Fahrzeug lassen. Sie wissen nicht, ob Sie nicht doch irgendwo aufgehalten werden. Kleine offene Fensterspalten und vermeintliche Schattenplätze sind zu wenig! Wo gerade noch Schatten war, kann kurze Zeit später praller Sonnenschein sein. Sitzt der Hund längere Zeit im heißen Auto, kommt es schnell zu Sauerstoffmangel und Überhitzung. Ein Kreislaufkollaps oder Herzschlag können die Folgen sein. Denn Hunde können nicht schwitzen, außer an den Pfotenballen. Außerdem verschaffen sie sich durch Hecheln Abkühlung.

Ängste abbauen

Vor Angst bebend versteckt sich der Hund unter dem Tisch, während die Silvesterraketen und Knaller gezündet werden. Der Besitzer versucht verzweifelt, sein Tier durch Streicheln zu beruhigen. Dieses Verhalten verstärkt aber nur die Angst. Sie wird von Mal zu Mal stärker auftreten, da der Hund bei jeder dieser Angstreaktionen Zuwendung und Belohnung erfährt.

Effektiver ist es, sogenannte Calming Signals einzusetzen (siehe Seite 139). Erster Schritt: den Hund in seiner Angst nicht beachten. Es ist wichtig, dem Hund klar zu machen, dass er keine Angst zu haben braucht. Tun Sie so, als ob nichts wäre. (So ähnlich wie bei Kindern, wenn sie hinfallen. Zuerst schauen sie mal. In dem Moment, wo Sie dem Beachtung schenken, fangen die Kinder sofort an zu weinen. So trainieren Sie die Kinder zu dem Denken: „Das hat ja wirklich weh getan, mit dieser Erfahrung kann ich meine Eltern manipulieren." Besser ist es, so zu tun, als wäre nichts geschehen und die Kinder abzulenken.)

Dann sollte der Besitzer herzhaft gähnen oder sich über die Lippen schlecken, beides vermittelt dem Hund ein Gefühl der Ruhe und hilft ihm, seine Angst zu überwinden. Bauen Sie dem Hund zu Silvester eine Art Höhle, in die er sich beim Start der Knallerei zurückziehen kann: ein Tisch und darüber kommt eine Daunendecke. Statt starker Beruhigungsmittel sollte mit Bachblüten gearbeitet werden.

Also, wenn Ihr Hund Angst vor Gewittern, Feuerwerkskörpern oder Schüssen hat, verstärken Sie seine Angst, wenn Sie ihm Aufmerksamkeit schenken. Durch Zuwendung unterstützen Sie die Angst des Hundes. Das heißt für ihn: „Man tröstet mich, also ist da wirklich etwas, wovor ich Angst haben muss."

Zum besseren Verständnis von Ängsten

Wenn Murmeltiere auf die Welt kommen, haben sie eine angeborene Angst vor allem, was fremd ist, besonders wenn es sich bewegt. Wenn die Mutter mit ihren Jungen das erste Mal im Freien ist und ein Adler kommt, flüchten alle in den Bau. Dort schleckt sie die Jungen ab. Mit dem Abschlecken zeigt sie einerseits die Nähe „Ich bin bei euch", aber auch „Achtung böser Adler, davor müsst ihr Angst haben".

Wenn das nächste Mal ein Steinbock kommt und die Jungen wieder davonlaufen, läuft die Mutter nicht hinterher, sondern frisst draußen in Ruhe weiter.

Übersetzt für Hunde bedeutet dies: Bei jedem Nachlaufen und Trösten sagen wir ihm: „Wir sind da“, aber auch, „Achtung, Adler!“, und das ist das Problem: Seine Angst wird ständig verstärkt!

Die Lebensphasen des Hundes

Wer aufhört zu lernen, ist alt,
ob er 20 oder 80 Jahre alt ist.
Wer immer lernt, bleibt jung.
Henry Fonda

Wenn wir vom Hund erwarten, dass er etwas lernt, müssen wir auch selbst dazu bereit sein. Im Erwachsenenalter des Hundes werden wir die Früchte ernten, die wir in der Aufzucht gesät haben: Sein tägliches Futter stellen Sie Ihrem Hund deshalb nicht einfach hin. Warum auch? Er soll vorher etwas für Sie tun. Geben Sie ihm einen Befehl (Sitz, Platz, Komm, ...) und wenn er diesen ausgeführt hat, bekommt er, was er will. Schnell wird er erkennen, dass es zwischen guten Manieren und Futter eine Verbindung gibt. Hunde lernen durch Verknüpfung. Im Laufe der Zeit wird er Sie genau beobachten, denn der Zugang zum Futter sind Sie. Dafür tun Hunde (fast) alles und so ganz nebenbei wird Ihre Führungsrolle gefestigt – Sie werden der Rudelführer! Damit er die neu erworbene Erfahrung nicht so schnell vergisst, gibt es noch eine weitere Übung. Wenn Sie Ihren Wohnbereich verlassen, darf er nicht sofort hinaus. Zuerst eine Gehorsamkeitsübung, dann erst darf er diesen verlassen.

Die Prägungsphase

Diese Phase endet ca. mit der 12. Woche. Es ist wichtig, dass der Hund in dieser Zeit auf möglichst viele Sozialpartner geprägt wird. Dadurch stärkt sich auch die Bindungsfähigkeit und die soziale Anpassungsfähigkeit. Dabei erfolgt eine soziale und motorische Prägung auf das Umfeld.

Urlaub in den Bergen – mit einem gut erzogenen Hund kein Problem, sondern ein wunderschönes Erlebnis für Zwei- und Vierbeiner.

„Wir haben es geschafft, Bello“.

Alles, was er in dieser Phase kennen lernt, sieht er als normal an. Autofahren, Kinder, Menschen, die im Rollstuhl fahren, verschiedene Untergründe wie Beton, Sand, Kies, Wiese usw. Deshalb ist es wichtig, dem Hund in dieser Phase so viel wie möglich zu zeigen: „Das ist normal, davor brauchst du dich nicht zu fürchten.“

Alles, was der Hund in den ersten 12 Wochen kennen lernt, ist für ihn später „normal“ und verursacht ihm keinen Stress mehr!

Die Rudelordnungsphase

In dieser Phase (5.–7. Monat) wird die Zusammenarbeit weiterentwickelt, perfektioniert und verfeinert. Das bedeutet, in seiner normalen Umgebung kennt er von Ihnen schon gewisse Übungen. In der Rudelordnungsphase können Sie diese Lektionen in anderen Räumlichkeiten üben. Verändern Sie die Umgebung und die Situation. Hier soll er lernen, wie das Rudel nach außen funktioniert.

Bei fast jedem Hund kommt eine Zeit, in der er mehr oder weniger stark versucht, seinen Kopf durchzusetzen. Problematisch wird es, wenn keiner in der Familie Führungseigenschaften zeigt und Spielregeln für das Zusammenleben fehlen. Dann übernimmt zwangsläufig der Hund die Führungsrolle und betrachtet den Rest der Familie als Untergebene, die sich unterordnen müssen. Dann versucht er, uns zu disziplinieren. So weit dürfen Sie es nicht kommen lassen. In der Rudelordnungsphase merkt man deutlich, wem er sich am ehesten unterordnet und am ehesten gehorcht.

Haben Sie jedoch bis zu diesem Zeitpunkt alles richtig gemacht, dann ist es auch möglich, dass Sie äußerst energisch reagieren können, ohne dass die Mensch-Hund-Beziehung ernstlich gestört wird. Der Hund ist in dieser Phase lernbereit, wie kaum zu einer anderen Zeit. Es ist daher ein leider noch weit verbreitetes Ammenmärchen, mit der Erziehung erst mit einem Jahr zu beginnen. Der Hund lernt vielmehr vom ersten Tag an, den er bei Ihnen ist. Ein guter Hundeführer sind Sie, wenn ein Blick, die Stimme oder Körperhaltung ausreicht, um den Hund zu beeindrucken.

! ***Vom 5.–7. Monat ist Ihr Hund am lernbereitesten. Trainieren Sie in dieser Phase Ihren Hund und fordern (= fördern) Sie ihn durch Übungen!***

Die Pubertätsphase

Die Pubertätsphase dauert vom 7. bis zum 10. Monat. Es beginnt damit, dass die Hündin zum ersten Mal läufig wird und der Rüde das Bein hebt. Macht er dies nicht, müssen Sie sich aber keine Sorgen machen. Rüden können in der Pubertätsphase kaum einer gut duftenden Hündin widerstehen.

Für diese empfindliche Phase steht die Stabilisierung des bereits Erlernten im Vordergrund. Das von Eigeninitiative geprägte Verhalten des Hundes orientiert sich mehr nach außen. In dieser Phase werden die Rollen verteilt. Da ist es nun für den Hund wichtig, die Zusammenarbeit mit seiner sozialen Gruppe zu perfektionieren. Er will sich auf seine Gruppe konzentrieren und herausfinden, was er machen muss, um Fehler zu vermeiden.

Daher scheint es manchmal, dass die Hunde das bisher Gelernte vergessen haben. Wir erkennen es daran, dass sie unzuverlässiger im Gehorchen sind und versuchen, ihren Kopf durchzusetzen, um das Ruder zu übernehmen. Sie begehren auf und versuchen in der Hierarchie zu steigen. Sie neigen auch zum Ausbrechen und Streunen.

Es ist bei den Menschen nicht anders. In der Pubertätsphase fangen sie an, rebellisch zu werden. Sie sind noch beschützt im Mama-Papa-Rudel, aber sie schauen schon, wie weit sie gehen können und fragen sich, was ihre Aufgaben sind. Was wird von ihnen verlangt, was für einen Job werden sie ausüben? Mama und Papa entscheiden, wo und wie sie ihn in der Gruppe mitreden lassen. Es ist eine Art „austesten". Seien Sie sich als Hundehalter dieser erzieherischen Rolle bewusst.

Für Sie heißt das, dass in dieser Phase ein „Reinschlagen" kontraproduktiv ist. Wenn Sie auf eine Provokation eingehen, hat der Hund großteils gewonnen. Besser ist es, mit den Trainingsstunden dorthin zurückzugehen, wo es noch funktioniert hat. Gerade in dieser Phase kommt es zu einer Stabilisierung. Bleiben Sie ruhig, gelassen, lassen Sie sich nicht provozieren und seien Sie konsequent. Die meisten Hunde erkennen die Schwächen ihrer Besitzer sehr schnell und nutzen sie hemmungslos aus. Gegebenfalls gehen Sie mit dem Niveau bei der Erziehung zurück, damit Sie nicht ständig korrigieren müssen. Ermöglichen Sie Ihrem Hund ein stressfreies Zusammenleben, damit er in Ruhe das Ende seiner Pubertät abwarten kann.

! ***Wie bei Menschenkindern sollten Sie bei Ihrem Hund in dieser Phase gelassen bleiben und sich nicht provozieren lassen. Bleiben Sie konsequent und ruhig!***

Kastration

Kastration bei Hündinnen

Viele Tierärzte haben von den Amerikanern die Kastration mit 6 bis 7 Monaten, also vor der ersten Läufigkeit übernommen. Gemacht wird es, um bei Hündinnen:

- Stress zu vermeiden,
- das Risiko, an Gesäugetumoren zu erkranken, zu minimieren,
- Nachwuchs zu verhüten,
- einer Scheinträchtigkeit vorzubeugen.

Ich würde die Kastration von der Rasse abhängig machen. Hunde mancher Rassen benötigen eine lange Entwicklungsphase und sind im Alter von sieben Monaten unter Umständen noch unsicher. Wenn sie jetzt „im Kindesalter" kastriert würden, dann bleiben sie so nervös und entwickeln nie die Reife und Ruhe des Alters. Das macht aus dem Hund möglicherweise ein unreifes, pubertäres Angstbündel. Solche Rassen sollten geistig ausgereift sein und daher vor 2 1/2 Jahren nicht kastriert werden.

Die Gefahr von Gesäugetumoren steigt mit dem Alter, da bei jeder Scheinträchtigkeit Milch in die Zitzen einschießt. Allgemein kann man für alle Hündinnen empfehlen, die erste Läufigkeit abzuwarten und sie erst dann zu kastrieren. Auch ein endoskopischer Eingriff ist möglich, bei dem nur die Eierstöcke (in denen die Hormone produziert werden), nicht aber die Gebärmutter entfernt werden.

Während bei Rüden manchmal eine Kastration zur Abmilderung von Aggressivität empfohlen wird, hat eine Kastration bei Hündinnen nicht diesen Effekt.

Bitte besprechen Sie alle Fragen rund um die Kastration mit Ihrem Tierarzt.

Kastration bei Rüden

Stellen Sie sich einen nackten Mann in einem Käfig vor. Der Reihe nach tanzen die schönsten Mädchen aufreizend vor seiner Nase herum. Ihm ist Sex in jeglicher Form verboten. Er kann auch nicht zu den schönen, reizvollen Mädchen gehen. Wie fühlt er sich wohl? (Dieser Absatz stammt von Jürgen Höller, der sich sehr gut in den männlichen Hund hineinversetzen kann ...). So ähnlich geht es einem Rüden ..., daher ist eine Kastration zu erwägen.

Weitere Auswirkungen einer Kastration sind:

- Rüden markieren danach weniger,
- sie neigen weniger zum Davonlaufen,
- sie können ruhiger werden,
- sie verlieren oft einen Teil ihrer Aggressivität.

Allgemein sollte man nach einer Kastration auf die Ernährung des Hundes achten, denn manche neigen dann eher zu Übergewicht. Vom Wesen her verändern sich die Hunde nicht. Mögliche Nebenwirkungen sind minimal und ggf. rassespezifisch und sollten mit dem Tierarzt besprochen werden.

Erwachsenenalter

Körperlich erwachsen sind die Tiere ab einem Alter von zehn Monaten, manche Rassen erst mit über zwei Jahren. Im psychischen Bereich dauert der Reifeprozess mindestens bis zum zweiten Lebensjahr. Genaue Zeiten lassen sich nicht festlegen, da es sehr auf die Rasse ankommt: bei Kleinwüchsigen 12 bis 16 Monate, große, schwere Rassen oft über zwei Jahre.

Diese Zeit muss man ihnen geben, um erwachsen zu werden. In der Erwachsenenphase hat er „alles verstanden". Er weiß, wo er steht, was seine Aufgabenbereiche sind. Nun kann er sich voll auf sein Training konzentrieren, er ist offener. Das heißt aber nicht, dass die Erziehung abgeschlossen ist.

Bei einer „antiautoritären" Erziehung wird der Hund spätestens jetzt Führungsansprüche anmelden. Probleme für Hund und Mensch treten dort auf, wo viele Versäumnisse oder negative Erfahrungen in der Erziehung des Hundes entstanden sind. Bewusstes Gehorsamkeitstraining (Sitz, Platz, Fuß ...) ist die Lösung. Diese Übungen sollten Schritt für Schritt auch dann ausgeführt werden, wenn andere Hunde in der Nähe sind. Gehorcht der Hund, so kann versucht werden, den Abstand zu den anderen Hunden zu verringern.

Bei Problemsituationen sollte der Hund immer an der Leine geführt werden. Je mehr der Besitzer den Respekt des Hundes genießt, desto besser kann er auf das Verhalten des Hundes Einfluss nehmen. Auch aggressives Verhalten kann stark vermindert werden. Die meisten Besitzer sind bestrebt, Aggressionen zwischen Haustieren zu vermeiden. Sie halten sie für gefährlich und unnötig, ohne zu erkennen, dass es sich hierbei um ein natürliches Verhalten der Tiere handelt. Die Aggression führt normalerweise dazu, dass die Beziehung der Tiere untereinander festgelegt wird und es dadurch zu einem harmonischeren Miteinander kommt.

Führen Sie Ihren konsequenten Weg der Erziehung fort. Entweder gehorcht Ihnen Ihr Hund – oder Sie Ihrem Hund. Sie haben die Wahl!

Unarten abgewöhnen

> Selbst im Alphabet steht Arbeit
> vor Erfolg.
>
> *Jürgen Höller*

Eine erfolgreiche Behandlung von Verhaltensstörungen besteht meist aus einer Änderung der Grundeinstellung des Besitzers. Hundertprozentige Konsequenz ist notwendig, damit das Tier lernt, dass sich etwas geändert hat. Verhaltensgestörte Hunde müssen lernen, dass es im Leben nichts umsonst gibt. Sie müssen verstehen, dass sie für einen Leckerbissen oder Streicheleinheiten Leistung erbringen müssen. Leistung in Form von „Folgen". Wird der Hund tagsüber oft gestreichelt und verwöhnt, so kann es leicht sein, dass er „Streicheln" als selbstverständlich und nicht mehr als Lob versteht.

! ***Bei Problemhunden ist es wichtig, das Tier nur noch zu liebkosen, wenn es folgsam war und nicht, weil Ihnen gerade danach zumute ist.***

Anknabbern von Gegenständen

Am besten verhindert man das Anknabbern von Gegenständen, wenn man das Haus verlässt, indem man den Hund mit einem Kauknochen ablenkt. Sind wir wieder da, wird ihm der Kauknochen weggenommen. Für den Hund ist der Kauknochen genauso interessant wie das Möbelstück. Das Möbelstück gewinnt an Interesse, wenn Sie es verteidigen. Hier liegt dann das Problem, warum Ihnen der Hund entgleist. Wenn der Hund am Kauknochen knabbert, gibt es von Ihnen keinerlei Reaktionen. Reaktionen kommen aber immer, wenn er am Möbelstück knabbert. Das verringert den Wert des Kauknochens gegenüber dem Möbelstück.

Demzufolge ist es wichtig, dass Sie ihm den Kauknochen nicht immer geben und wenn, dann spielen und rangeln Sie damit. Machen Sie den Kauknochen interessant.

Von Anfang an, wenn er ins Haus kommt, soll er niemals die Möglichkeit haben, an Möbelstücken zu knabbern. Hier ist wieder die Transport-Box oder ein kleiner Raum zu empfehlen. Wenn Sie ihm keine Gelegenheit geben, Unarten zu entwickeln, müssen Sie ihm auch keine abgewöhnen.

Stellen Sie sich einen jungen Hund vor, der beschäftigt werden möchte. Sie arbeiten am PC. Ihr Hund weiß, wenn er am Stuhlbein knabbert, werden Sie aufstehen und sich mit ihm beschäftigen. Sie werden schimpfen, hinterherlaufen. Ihr Hund sieht das als Jagdspiel an. Warum sollte er also am Kauknochen knabbern, wenn Sie dafür kein Interesse zeigen?

Machen Sie den „Kauknochen" interessant. Geben Sie ihm diesen nur ab und zu. Rangeln Sie mit Ihrem Hund darum. Spielen Sie mit ihm!

Wenn Sie zu Hause sind, können Sie auch die Rasselbüchse anwenden. Wenn der Hund an verbotenen Dingen knabbert, schmeißen Sie ihm die Büchse nach, ohne ein Wort zu sagen. Der Hund verbindet ein unangenehmes Gefühl mit dem Knabbern, auch wenn er nicht weiß, warum, und lässt es schließlich bleiben. Vorsicht, dass Sie Ihren Liebling nicht treffen!

Von Lucy, der selbstbewussten „Zerstörerin"

„Also, ganz so negativ sehe ich diese Überschrift nicht, nur weil ich regelmäßig in unserem Wohnzimmer was kaputtmache! Das lässt sich doch alles wieder reparieren, so meine ich jedenfalls, oder?

Unlängst haben meine Leute mich wieder einmal mit meiner Schwester alleine gelassen. Mir war einfach stinkfad! Und wie ich so im Wohnzimmer die Runde mache und meinen Kauknochen suche und nicht finde, sehe ich dieses Holzeck an der Wohnzimmercouch. Wieso müssen diese Kanten immer so ekelig spitz sein? Das lässt sich doch ändern! Und wozu habe ich ein sooooo fabelhaftes Gebiss?! Grrrmmm!, reingebissen! Fabelhaft, wie man meine Zahnabdrücke sieht. Schmeckt irgendwie lecker und befriedigt meinen Beißtrieb enorm! Also kaue ich lustig drauflos und habe schon ein ganzes Stück von der neuen Wohnzimmercouch abgenagt, als plötzlich die Tür aufgeht, mein Herrchen hereinplatzt, mich ansieht und starr vor Schrecken stehen bleibt.

Ich hab geglaubt: Jetzt passiert was! Hab mich sofort auf den Rücken gelegt, um mich am Bauch kraulen zu lassen. (Das tu ich immer. Und das hat auch immer funktioniert!) Aber diesmal hat er, statt mich zu kraulen, zu schreien begonnen und ist wutentbrannt auf mich zugerannt!

„Nichts wie weg!", hab ich gedacht und bin unter die Couch geflüchtet und hab Herrchen schimpfen lassen. Der beruhigt sich doch wieder, denke ich, aber dieses Mal war alles ein bisschen anders. Der hat mich doch glatt ein paar Stunden nicht beachtet, nicht gestreichelt und war auf einmal mit meiner Schwester am Arm verschwunden. Das war schon komisch, wegen dem bisschen Holz von der Wohnzimmercouch!"

Nicht auf dem Sofa sitzen

Ein doppelseitiges Klebeband, am Rand vom Sitz befestigt, hat schon viele Hunde davon abgehalten, sich auf Sitzen oder Betten niederzulassen. Auch die Mausefalle bringt Erfolg.

Stehlen vom Tisch

Nehmen Sie ein hauchdünnes Brett (z.B. Pressspanplatte), worauf eine Rasselbüchse liegt. Wenn der Hund mit seinen Pfoten auf den Tisch steigt, kommt die Falle ins Wackeln und alles fällt über ihm zusammen. Er erschreckt sich fürchterlich und steigt dort nicht mehr hinauf.

Nicht in die Küche gehen

Wollen Sie, dass der Hund sich von der Küche fernhält, so spannen Sie ein dünnes Seil vor die Küchentür, woran eine Rasselbüchse locker befestigt ist. In dem Moment, wo er in die Küche läuft, fällt die Büchse herunter. Er probiert es zweimal und geht nie wieder in die Küche.

Streunen

Streunen ist für den Hund ein normales Verhalten, für den Besitzer jedoch ein Problemverhalten. Er streunt, weil er sich die Welt ansehen möchte oder weil er andere Hunde besuchen will. Wenn es zu Hause langweilig wird, sieht er keine Notwendigkeit zu bleiben. Also ein ganz normales Verhalten für ihn. Werfen Sie die Rasselbüchse, bevor er „wegstreunt".

Davonlaufen

Der Hund hat darauf zu achten, Sie nicht zu verlieren und nicht umgekehrt. Wenn er abgelenkt wird, beschleunigen Sie Ihre Schritte und verstecken Sie sich gegebenenfalls. Macht er Anstalten davonzulaufen, sofort die Rasselbüchse nachwerfen! (Bei großen Hunden können sie statt einer Rasselbüchse eine Hundehalskette verwenden, die Sie immer bei sich tragen.) Befolgt er den Befehl „Komm“, erhält er seine Belohnung auch dann, wenn er sich dabei viel Zeit lässt. Beginnen Sie mit diesen Gehorsamsübungen aber nur dann, wenn keine Gefahr der Ablenkung besteht.

Klüger ist es, mit dem Hund gleich „Bindungstraining“ zu machen. Der Hund darf sich nicht mehr als 15 Meter von Ihnen entfernen. Immer wenn er schon 15 Meter weit weg ist, rufen Sie ihn zu sich. Er bekommt sofort ein Leckerli, bzw. wenn er 15 Meter weg ist, gehen Sie in die andere Richtung. So wird dem Hund angewöhnt (wenn Sie das über längere Zeit machen), sich nie mehr als 15–20 Meter von Ihnen zu entfernen. In der Stadt ist ein kürzerer Radius als auf dem Land zu empfehlen. Wenn Sie das konsequent machen, werden Sie Erfolg haben.

Je weniger Sie mit Strafreizen arbeiten, desto sicherer kommen Sie zum Erfolg. Immer wenn Sie mit ihm arbeiten, müssen Sie die ständige Kontrolle über ihn haben, zumindest muss er das glauben.

Erst wenn Sie sich ganz sicher sind, dass er Ihre Anweisungen befolgt, können Sie die Kontrolle lockern. Je mehr Sie es nötig haben, Strafe und Strafmaßnahmen zu erteilen, desto mehr Fehler haben Sie gemacht und nicht der Hund. In dem Moment müssen Sie sich fragen: „Warum und was habe ich falsch gemacht?“

Gewalt beginnt dort, wo Wissen endet!

Wild hetzen

Das Jagdverhalten des Hundes läuft instinktiv ab und ist von Rasse zu Rasse unterschiedlich ausgeprägt. Da das Jagen selbst

Triebbefriedigung und Belohnung für den Hund ist, ist es schwer abzugewöhnen, und mit einer nachträglichen Strafe wird man nichts erreichen. (Dies gilt für alle Erziehungsbemühungen, nicht nur fürs Jagen.) Besser ist es, wenn der Hund gar nicht erst auf den Geschmack kommt und es möglichst von Anfang an unterbunden wird, wenn er Wild hinterherhetzen will. Im Zweifelsfall ist es besser, den Hund in wildreichen Gebieten an einer langen Leine zu führen, wenn man ihn nicht vom Hetzen abhalten kann.

Sie können das Verhalten des Hundes umleiten, wenn Sie sich auf Spaziergängen mit Spielen, Gehorsamsübungen und Belohnungen für den Hund interessant machen.

Leni – mit viel Geduld, Liebe und Motivation

Meine Leni entstammt einer Liebesbeziehung zwischen einer Malamut-Hündin und einem großen Münsterländer. Da sie nur Malamut-Charakter hat, kann man sich leicht vorstellen, wie eigensinnig, selbstständig und schwer erziehbar sie war. Ich holte sie mit zehn Wochen nach Hause. Da ich schon zwei Hunde vor ihr hatte, war ich ja in Sachen Hundeerziehung keine Anfängerin mehr. Ich wusste, dass der Malamut eine gewisse Starrköpfigkeit besitzt, machte mir aber darüber keine Gedanken. Ich hatte auch keine Bedenken, als sich der Welpe überhaupt nicht an mir orientierte. Als ich sie rief, drehte sie sich um und lief weg. Na gut, das gibt sich schon noch, dachte ich. Locken mit Leckerlis, das zieht immer. Ja, denkste. Sie nahm keine Leckerlis, wenn sie kommen sollte. Spielen war auch nicht drin. Interessierte sie nicht. Als sie älter wurde, wurde es noch schlimmer. Sie schaute mich ein Jahr lang nicht an. Sie wollte nur immer alleine sein. Also: Wie so einen Hund erziehen?
Doch es geht, jedoch mit viel Geduld, Liebe und Motivation. Ich bekam gebrochene Rippen und verstauchte Finger. Das kam so: Ich bin mit der 10-m-Leine gegangen und hab sie ge-

halten. Leni hat einen Hasen gesehen und ich nicht. Sie wog damals schon 38 kg und war 67 cm groß. Sie ist von 0 auf 100 losgeprescht und ich bin in hohem Bogen durch die Luft geflogen. Danach wollte ich sie hergeben. Ich war mit den Nerven am Ende. Jeder Versuch, sie zu erziehen, war eine Tortur. Für mich und auch für sie. Aber dann hat mich der Ehrgeiz gepackt und außerdem hab ich sie schon sehr lieb gehabt. Da ich nicht arbeiten gehen musste, hatte ich Zeit genug. Ich übte jeden Tag mit ihr die Unterordnung. Immer nur ein paar Minuten und Schritt für Schritt. Sehr viel gelobt, und wenn sie was gut gemacht hat, bin ich wie ein Kasperl um sie herumgehüpft. Plötzlich hat sie begonnen, mir zu gehorchen. Sie hat mich zwar nie dabei angeschaut, aber Sitz, Platz, Steh, bei Fuß konnte sie nach einem halben Jahr schon super. Auch mit dem Abliegen hatte ich dann keine Probleme mehr.
Das Ziehen an der Leine hab ich ihr abgewöhnt, indem ich mich, wenn sie gezogen hat, sofort umgedreht hab und in die andere Richtung gegangen bin. So lange, bis es ihr zu dumm wurde. Der Spaziergang hat so natürlich immens lang gedauert und hat mich viele Nerven gekostet. Dann musste sie lernen, ohne Leine zu laufen. Wir haben hier viel Wald und ich wollte sie nicht immer an der Leine lassen. Also ab von der Leine. Ich bin oft Stunden gestanden und hab auf sie gewartet. Sie hat nicht gewildert, aber sich ihren eigenen Weg gesucht. Geheult hab ich, zornig war ich, auf den Mond wollte ich sie schießen. Aber wenn sie gekommen ist, hab ich sie geknuddelt und gelobt. Dann hab ich angefangen mich zu verstecken. Am Anfang war ihr das vollkommen egal. Aber plötzlich hat sie angefangen mich zu suchen. Als sie es das erste Mal machte, bin ich fast durchgedreht vor lauter Freude. Dieses Spiel hab ich jeden Tag vormittags und nachmittags gemacht. Dann hab ich mir eine Pfeife gekauft und wenn ich sie gesehen hab, sofort gepfiffen. So hat sie auch gelernt auf Pfiff zu kommen. Jetzt ist Leni fast vier Jahre alt. Ich hab drei Jahre für ihre Erziehung gebraucht. Wir waren im Urlaub und Leni durfte das erste Mal in einem fremden Wald ohne Leine lau-

fen. Man kann sich gar nicht vorstellen, wie ich mich fühlte, als Leni immer bei mir geblieben ist.
Leni befolgt jetzt die Unterordnung, wobei sie mich noch immer nicht dabei anschaut. Sie macht es mit Widerwillen, aber sie macht es. Wenn wir im Wald sind und sie sieht ein Reh oder einen Hasen, dann brauch ich nur „Steh" zu rufen und Leni steht. Natürlich gibt es manchmal Rückfälle. Sie ist keine Maschine. Aber damit kann ich leben. Sie ist eine wunderbare, verschmuste und soziale Hündin geworden. Endlich ist die Bindung da, auf die ich so lange hab warten müssen. Sie kann nicht mehr ohne mich und ich nicht ohne sie leben.
Ich möchte allen Menschen, die so einen Hund haben, Mut machen. Nicht aufgeben, viel Geduld haben. Es klappt sicher, auch wenn es lange dauert.

Biggi und Leni Kasses

Ungewollte Belohnungen

Ein großer Stolperstein ist auch die unbewusste und ungewollte Belohnung durch den Besitzer. Jegliche Zuwendung, auch negativer Art, kann unter Umständen als Belohnung aufgefasst werden, z.B. bei Angst vor Gewitter oder vorgetäuschten Schmerzen. Viele Besitzer heben das Tier dann hoch und versuchen es zu schützen oder zu beruhigen. Das Tier erhält somit eine indirekte Belohnung für sein Verhalten, was zu einer Verstärkung führt. Besser ist es, das Tier mit seiner Angst alleine fertig werden zu lassen und mit den Calming Signals zu arbeiten (siehe Seite 139).

! ***Wenn Sie Ihren Hund trösten, streicheln und herzen, wenn er Angst hat, steigern Sie dieses Verhalten noch – denn Sie belohnen ja die Angst! Auch wenn's schwer fällt: Lassen Sie Ihren Hund mit seiner Angst alleine fertig werden.***

Durch genügend Bewegung und Beschäftigung lösen sich die meisten Probleme von selbst. Unbeherrschtheit, blindwütiger Zwang und falsche Annäherung an die Psyche des Hundes rächen sich. Das erfordert Geduld auf beiden Seiten, weil die gegenseitige Kommunikation auch gelernt werden muss.

Jeder Hund ist anders zu motivieren. Strafe muss dem Wesen des Hundes angepasst werden. Langes Schimpfen kann der Hund nicht verstehen, es verwirrt ihn nur und bringt keinen Lernerfolg. Falsches Verhalten muss immer bestraft werden. Wird es nur ab und zu bestraft, so wird die Bestrafung nicht den gewünschten Effekt haben. Bestrafungen sollten nur angewendet werden, wenn keine negativen Folgen für das Tier zu befürchten sind. Typische Situation: Ein Hund bellt, weil er etwas erreichen will. Der Besitzer gibt nach. Das Nachgeben bedeutet für das Tier eine positive Belohnung.

Hundeverhalten und Rudelhierachie

Ein Gast betritt eine Schweizer Hotelpension, ein kleiner Hund springt bellend an ihm rum. Der Gast fragt den Portier: „Beisst Ihr Hund?“ „Na, der beisst ned.“ Der Gast bückt sich zu dem kleinen Hund, um ihn zu tätscheln. Sofort verbeißt sich der Hund in die Hand des Gastes. „Aber Sie haben doch gesagt, ihr Hund beisst nicht!“ „Des is net mei Hund.“

Wer ist hier der Chef?

Entscheidend für die Erziehung und ein gutes Zusammenleben mit dem Hund ist, dass er uns als ranghöher, als Rudelführer anerkennt. Dazu müssen Hunde herausfinden, ob wir einen besonderen Respekt verdienen oder nicht. Wir müssen also absolut konsequent beim Geben von Kommandos sein und auf ihrer Befolgung bestehen. Darüber hinaus können wir dem Hund in vielen Alltagssituationen unseren höheren Rang deutlich machen.

Es ist nicht genug, zu wissen,
Sie müssen es tun!

Johann Wolfgang von Goethe

Hoheit über das Futter

Das Hingehen zum Futter muss für den Hund positiv sein. Jedes Mal, wenn Sie zu seiner Futterschüssel gehen, geben Sie etwas hinein. Sollte er schon knurren, wenn Sie am Napf vorbeigehen, füttern Sie ihn während zwei Tagen nur aus der flachen Hand. Danach können Sie wie beschrieben vorgehen und werfen ihm immer wieder kleine Stückchen in die Futterschüssel.

Es ist noch nicht lange her, dass in vielen Hundebüchern empfohlen wurde, die Futterschüssel hin und wieder wegzunehmen. Das Futter wird allerdings von ranghohen und von rangniedrigen Hunden verteidigt. Dieses Verhalten steckt in den Genen der Hunde. Bei Wölfen ist es vollkommen normal, dass ein Rangniedriger auf sein Leben hin auch gegen einen Ranghohen das Futter verteidigt. Allerdings wird er dabei den Kürzeren ziehen. Daher macht das Futterwegnehmen gerade unsichere Hunde noch aggressiver.

Stellen Sie sich vor, Sie haben riesigen Hunger, haben einen Teller mit Essen und wissen nicht, wann Sie die nächste Mahlzeit bekommen. Es kommt immer wieder eine Person vorbei, die Sie durchaus bewundern und schätzen, und fährt mit einer Gabel in Ihr Essen und isst es Ihnen weg. Irgendwann einmal wird es Ihnen reichen und Sie werden Angst um Ihr Essen haben und werden aggressiv.

Wenn Sie allerdings dem Hund 50 Mal Futter nachfüllen und nur beim 51. Mal nehmen Sie ihm etwas weg, dann ist die Wahrscheinlichkeit, dass er etwas bekommt, wenn Sie an seinen Napf fassen, wesentlich größer. Hat der Hund einmal gelernt, seine Sachen erfolgreich zu verteidigen, ist Ihre Führungsrolle infrage gestellt. Beim Verteidigen von Futter brauchen Sie nicht zu glauben, dass Ihr Hund „böse" ist. Nein, das haben seine Vorfahren schon immer getan. Außerdem will er damit seine Position stärken. Aber dieses Verhalten dürfen Sie nicht zulassen. Zeigen Sie ihm, dass der Mensch immer vor ihm isst. Lassen Sie ihn dabei zusehen. Das zeigt ihm, dass Sie der König sind. Sie können ihn damit regelrecht gemein provozieren. Oder naschen Sie provokant vor ihm. Zeigen Sie ihm, wie gut es schmeckt. Sie sind der König. Vielleicht, wenn es Ihnen genehm ist, bekommt er so ab und zu ein Stückchen. Spielen Sie damit, suchen Sie Teilchen heraus und sagen Sie: „Nein, das ist für mich und, na ja, das bekommst du."

> ❗ ***Durch die Hoheit über das Futter besitzen Sie die beste Möglichkeit, sich als Rudelführer auszuzeichnen. Nutzen Sie diese Chance!***

Immer wenn er eine Gehorsamkeitsübung ausführt, bekommt er in seinen Napf kleine Belohnungen. Er soll merken, dass er auf Sie angewiesen ist. Futter gibt es nur durch Sie. Grundsätzlich erst eine Übung, dann erst gibt es Futter. „Du willst satt sein? Ich sage dir, was du dafür tun musst!"

Weitere Rangordnungsdemonstrationen

Beim Spielen sind Sie der Verwalter des Spielzeuges. Sie entscheiden, wann Sie es holen, oder wann auch nicht. Wenn Sie das Gefühl haben, Sie können es ihm nachher nicht wegnehmen, binden Sie das Spielzeug an einem Seil an – so können Sie bestimmen, wann das Spiel beendet wird. So kann er Ihnen mit dem Spielzeug nicht davonlaufen und Sie auch nicht anknurren, Sie sitzen letztendlich am längeren Hebel. Grundsätzlich beginnen und beenden Sie das Spiel. Mit einer „Verbeugung", wobei der Hund sein Hinterteil emporreckt und zumeist mit dem Schwanz wedelt, fordert er andere zum Spielen auf. Beim Beenden des Spieles überlassen wir ihm auf keinen Fall sein Spielzeug. Wir steigen als Gewinner aus. Kampfspiele dürfen auf keinen Fall ausgeführt werden. Spielsachen dürfen nicht im Haus herumliegen.

An der Leine bestimmt der Mensch das Tempo, die Richtung und den Weg des Spazierganges. Möglichst oft die Richtung und den Weg ändern!

Nicht auf **Kontaktaufforderungen und Betteln** des Hundes eingehen. Dabei denke ich z.B. an meine Malteserhündin Sindi, die dies perfekt beherrscht. Sie jault beispielsweise so lange, bis sie die nötige Aufmerksamkeit von Menschen auf sich gelenkt hat. Funktioniert das nicht, so fängt sie zu tanzen an. Wer wird da nicht schwach?

Das Nachgeben bedeutet für Sindi eine positive Bestärkung ihres Verhaltens. In diesem Fall würde es reichen, das unerwünschte Verhalten zu ignorieren und dem Drängen von Sindi nicht nachzugeben. Natürlich würde Sindi versuchen, mit aller Macht ihren Willen durchzusetzen und würde nicht verstehen, warum ihr übliches Verhalten nicht mehr funktioniert. Überlegen Sie daher genau, ob es Ihr wirkliches Ziel ist, dem Tier dies wieder abzuerziehen? Ich habe Sindis Verhalten bis heute toleriert ...

Beim **Betreten oder Verlassen von Räumen** ist darauf zu achten, dass der Hund nach uns Menschen geht. Versperren Sie ihm den Weg und sagen Sie „Entschuldigung". Weicht er zurück, loben Sie ihn so richtig übertrieben. Sehr wichtig ist es, regelmäßiges, gezieltes **Gehorsamkeitstraining** durchzuführen. Das erwünschte Verhalten muss belohnt werden, das unerwünschte, z.B. hochspringen, ignoriert werden. Den Hund **niemals beruhigen oder trösten**, wenn er Angst hat.

Bei rauflustigen Rüden empfiehlt sich nach Absprache mit dem Tierarzt eventuell eine Kastration oder hormonelle Maßnahmen. Die Bindung an Sie als Besitzer sollte idealerweise so stark sein, dass ihm der andere Hund egal ist.

Streicheln und liebkosen Sie Ihren Hund nur, wenn er sich das verdient hat. (Ja, Sie haben Recht: Dieses Gebot fällt am schwersten. Man muss nur in die treuen Hundeaugen blicken ...) Wenn Sie **heimkommen**, begrüßen nicht Sie den Hund, sondern lassen Sie sich begrüßen – erst dann loben.

Der Ranghöhere, der König, hat den höchsten **Liegeplatz**, weil es gerade für einen König primär wichtig ist, den höchsten Platz zu haben, um sein Rudel verteidigen zu können. Demzufolge darf der Hund nicht auf Möbel und nicht ins Bett. Macht er Ihnen Ihren Lieblingsplatz streitig, oder lässt er Sie womöglich nicht mehr ins Bett? Um weitere Konflikte zu vermeiden, ist es am einfachsten, ihn gar nicht mehr in diese Räume zu lassen.

Hundebegegnungen

Der Großteil der Hunde reagiert auf andere Artgenossen nur deshalb aggressiv, weil die Besitzer zumeist falsch reagieren.

Sind Hunde an der Leine, sind sie meist aggressiver, weil es sich hierbei um eine anerzogene Leinenaggression handelt. Wenn es kritisch wird, merken Sie es an der Körperhaltung des Hundes. Durch Motivation, mit Leckerlis oder Spielzeug kann man versuchen, die Aufmerksamkeit des eigenen Hundes auf sich zu ziehen, so dass er vom anderen Hund abgelenkt wird. Also blitzartig reagieren und von seinem Vorhaben abbringen!

Möglicherweise raufende Hunde zu trennen, bedarf bei beiden Besitzern großer Erfahrung. Im Zweifelsfall ist es besser, nicht einzugreifen. So manche gut gemeinten Tipps, wie etwa einen Eimer kaltes Wasser über die raufenden Hunde zu schütten, erweisen sich als undurchführbar. Das würde für Sie nämlich bedeuten, immer mit einem Eimer Wasser spazieren zu gehen und außerdem kann es aggressionsfördernd sein. Beide Hunde an den Hinterbeinen wegziehen hat als Folge schon schwere Verletzungen mit sich gebracht. Alles, was die Auseinandersetzung stört, wirkt sich zumeist verstärkend aus. Die Hunde werden unter Umständen noch aggressiver! Also mischen Sie sich niemals in laufende Kämpfe ein – Sie sind sonst selbst gefährdet, verletzt zu werden!

Kommentkämpfe

Kommentkämpfe sind Showkämpfe. Die Hunde tun scheinbar, als ob. Es ist eher ein Schauspiel, eine Zeremonie. Spielerisch lernen und üben die Hunde das im Welpenalter, mit der Mutter und den Wurfgeschwistern.

Es ist so, dass es bei 99 % aller Raufereien schlimmer wird, wenn man eingreift. Die meisten können leider Kommentkämpfe nicht von ernsthaften Kämpfen unterscheiden. Kommentkämpfe werden zumeist ausgetragen, wenn die Besitzer dabei sind. Die Raufereien, die am schlimmsten und am fürchterlichsten klingen, sind einfach nur Kommentkämpfe. Diese Kämpfe würden keine schlimmen Folgen nach sich ziehen, wenn sich die Besitzer nicht einmischen würden.

Das richtige Verhalten ist: Weggehen. Hunde beißen nur ernsthaft zu, wenn es um wichtige Ressourcen geht, wie ein läufiges Weibchen, letztes Futter oder wenn der Besitzer eingreift. Für die Hunde heißt das dann: „Hey komm Herrchen, wir machen das gemeinsam.“ Besser ist es, in Blickrichtung des Hundes wegzulaufen und dabei seinen Namen zu rufen. Wenn Sie das durchhalten, trennen sich die Hunde von selbst. Da der Besitzer ruft und weggeht, wird dem Hund klar: der Besitzer interessiert sich nicht dafür, wie der Kampf ausgeht und wer gewinnt.

Kommentkämpfe werden auch gerne in der Pubertät ausgetragen, um einen Rang höher zu klettern, einen besseren Status zu erringen. Sie wollen uns damit zeigen, wie toll und stark sie sind. Im Rudel wird klar gemacht, wer wo steht. Wenn Hirsche miteinander kämpfen, passiert auch nichts (außer sie verhaken sich ineinander). Es ist nur ein Kräftemessen.

Sollte der seltene Fall eintreten und es handelt sich um schlecht sozialisierte Hunde, die kämpfen, ist die Gefahr selbst gebissen zu werden zu groß, und vom Eingreifen ist abzuraten.

Wenn Ihr eigener Hund gebissen werden sollte können die Auswirkungen auf seinen „Gemütszustand“ und sein späteres Verhalten bei Hundebegegnungen unterschiedlich sein. Bedingt durch den Schock spürt er den Schmerz momentan nicht so sehr. Wenn später Schmerzen auftreten, dann ist der Bezug zum anderen Hund nicht mehr da. Ob der Besitzer den Hund nach der Auseinandersetzung gestreichelt und bedauert hat oder sich später jedes Mal erschreckt, wenn er den besagten Hund oder einen Vertreter dieser Rasse sieht, die gebissen hat, hat ebenfalls Folgen. So würde nämlich der Hund erlernen, Angst vor diesem Hund oder dieser Rasse zu haben.

Bei einem Kommentkampf bzw. Rangordnungsauseinandersetzungen sollte man nicht eingreifen und den Ausgang nicht durch Schimpfen oder Loben des einen oder anderen Kontrahenten zu beeinflussen versuchen, sondern die Rangordnung akzeptieren, die die beiden untereinander ausmachen.

Hat Ihr Hund gebissen, suchen Sie sich Hilfe, denn solche Hunde gehören erzogen! Erfahrene Therapeuten finden Sie über den Berufsverband der Hundeerzieher und Verhaltenstherapeuten (BHV) oder die Gesellschaft für Tierverhaltenstherapie

(GTVT), in Österreich über Katharina Aberle aus Wien (Adressen siehe Seite 174). Frau Aberle erzählte mir, dass sie fast ausschließlich Hundepatienten hat, die gebissen haben. Verhaltenstherapeut ist in Deutschland eine Zusatzbezeichnung für den Tierarzt. In Österreich ist das noch nicht der Fall und leider kein geschütz-
ter Name. Es dürfen sich auch die Leute Verhaltensberater nennen, die keine tierärztliche Ausbildung haben. Die Gesetze in Deutschland sehen eine bestimmte Ausbildung vor und es müssen bestimmte Voraussetzungen erfüllt werden.

> ***Einem Hund, der gut erzogen, ist selbst ein weiser Mann gewogen.***
>
> *Johann Wolfgang von Goethe*

Aggressionen

Die Aggressivität der Hunde wird oft als „gefährlich" eingestuft, was falsch ist. Ein Hund, der knurrt, ist nicht gefährlich. Er kommuniziert.

Die meisten Aggressionen beim Hund entstehen durch Angst und unzureichende Erziehung! Aggression erzeugt normalerweise Gegenaggression. Dadurch kann sich Aggression festsetzen. Läuft die Aggression ins Leere, kann sie sich nicht festsetzen. Daher Drohgebärden ignorieren!

Aggressionen sind meist ein Ausdruck von Unsicherheit. Deshalb ist Schlagen immer die falsche Antwort. Wenn der Hund droht, fühlt er sich bedroht und wenn er unsicher ist, fühlt er sich ebenfalls bedroht. In jedem Fall ist das Knurren und Zähnezeigen für den Hund die letzte Alternative, um zu sagen: „Bitte lass mich jetzt in Ruhe."

> ***Aggression ist zu 90% eine Reaktion auf Angst.***

Situationen und Mechanismen

Nimmt der Besitzer aggressives Knurren und Beißen eines jungen Hundes hin, so ist es natürlich, dass der Hund auch im Alter keine Hemmungen zeigt. Würde bei einem derartigen Verhalten der Besitzer sofort tadelnd reagieren, würde das Tier eine natürliche Beißhemmung entwickeln.

Reagiert der Hund an der Leine bei einer Begegnung mit einem anderen Hund aggressiv und diese Aggression findet keinen Widerpart und er kann von der Leine nicht weg, dann kommt es möglicherweise zur „umgeleiteten Aggression“: Er dreht sich um und beißt den Besitzer. Um das nicht zuzulassen, müssen Sie den Hund mehr „einrahmen“, d.h.: Sie haben ihn an der Leine, lassen immer wieder locker, ziehen dann wieder an und lassen wieder locker. Das ist das gleiche wie mit hysterischen Kindern. Wenn Sie so ein Kind festhalten wollen, dann wird dieses noch hysterischer werden. Wenn Sie das Kind oder den Hund einrahmen und immer wieder locker lassen, dann wieder zu sich nehmen und wieder locker lassen, beruhigen sie sich nach einiger Zeit.

Oft ist es so, dass der Besitzer einen anderen Hund sieht und erschrickt, obwohl der eigene Hund den anderen noch gar nicht bemerkt hat. Dies kann ein auslösender Moment dafür sein, auf den anderen Hund aggressiv zu reagieren. Denn wenn sich der Besitzer erschreckt, wenn ein anderer Hund kommt, und sofort einen Ruck mit der Leine macht oder den eigenen Hund zu sich zerrt, lernt der Hund: jedes Mal, wenn er einen anderen Hund riecht, erfährt er Schmerzen am Hals. So wird der andere Hund zum Feindbild.

Ein anderes typisches Beispiel: Bei einer Wundbehandlung knurrt oder schnappt der Hund. Das bedeutet Angst oder Schmerzen. Die meisten Besitzer versuchen den Hund zu beruhigen, was die Angst bestätigen würde, indem Sie die Behandlung sofort abbrechen und ihn streicheln. Dadurch erhält das Tier jedoch eine direkte Belohnung für seine Aggression. Das Verhalten wird sich verstärken, ohne dass der Besitzer bemerkt, dass sein Verhalten hierfür der Auslöser war.

Dasselbe kann beobachtet werden, wenn der Hund falsch bestraft wird: Bis zu einer gewissen Grenze reagieren die Hunde mit Unterwerfung und umgehen die Strafe. Wenn das einmal nicht möglich ist und die Strafe zu intensiv ist, so kommt es zu einer straf- oder schmerzbedingten Aggression des Hundes. Wenn der Hund schnappt, reagieren die Besitzer mit einer sofortigen Unterbrechung des Verhaltens. So kommt es zu einer indirekten Belohnung des aggressiven Verhaltens. Dadurch lernt der Hund, dass aggressives Verhalten zum Ziel führt. Der Hund kann dadurch dazu ermutigt werden, auch in anderen Situationen aggressiv zu reagieren.

! ***Ein dominanter Hund ist nicht aggressiv und ein aggressiver Hund ist nicht dominant! Ein richtiger König im Rudel ist nicht aggressiv, da er dominant und sicher ist.***

Die Beispiele zeigen, wie wichtig eine frühzeitige Schulung und vor allem das Aufzeigen von Alternativen für Hundebesitzer, Tierheime aber auch für Hundetrainer ist. Wenn Aggression anerzogen ist, muss dem Besitzer klar sein, dass er unbewusst Fehler gemacht hat. Er braucht jemanden, der ihm sagt, wie er es anders machen soll. Zuallererst gehört geklärt, was für eine Art von Aggression der Hund an den Tag legt. Allein in der psychologischen Literatur gibt es mehr als 250 verschiedene Bezeichnungen für Aggressionen. Gilt die Aggression dem Menschen oder Tieren? Gegen Familienmitglieder, gegen Fremde oder gegen alles? Ist sie bedingt durch Unsicherheit oder Angst? Ist es ein genetisches Problem, ein Tumor, ein Schilddrüsenproblem, ein Nebenrindenproblem, ein Leberproblem, eine Schmerz-Aggression oder ist es eine anerzogene Aggression?

Ein Verhaltenstherapeut kann Ihnen genauer sagen, um welche Form der Aggression es sich handelt und einen Therapieplan erstellen. Dementsprechend ist die Behandlung auch unterschiedlich.

Pflege-Aggression

Nicht selten kommt es vor, dass Hunde beim Bürsten aggressiv werden, dann hört man automatisch auf und versucht es am nächsten Tag wieder. Der Hund hat so gelernt, sich durchzusetzen. Beginnen Sie nun von ganz vorne und versuchen Sie herauszufinden, welche Berührungen mit der Bürste noch möglich sind, ohne Aggression zu provozieren.

Bevor Sie beginnen, lassen Sie ihn einige Gehorsamkeitsübungen durchführen. Jede vorsichtige Berührung verbinden Sie nun mit einer Belohnung und überschwänglichen, freundlichen Worten. Wichtig ist, dass Sie nur Berührungen mit der Bürste ausführen, bei welchen Sie sich sicher sind, dass er nicht knurrt. Auf keinen Fall Leckerli geben, wenn er knurrt, sonst war alles umsonst. Sie werden sehen: je öfter Sie diese Übung ausführen, desto mehr wird er die Bürste dulden. Diese Übung erfordert viel Geduld und Sie sollten sehr langsam vorgehen, bis Sie sein bisheriges Limit überschritten haben.

Spielerische Aggression

Am unbedenklichsten ist wohl die spielerische Aggression. Da könnte es nur zu Problemen kommen, wenn sich die betroffene Person, wie etwa kleine Kinder oder ältere Menschen, nicht wehren können. Eine spielerische Aggression entsteht, wenn der Hundebesitzer dem Hund nicht rechtzeitig klar macht, wie empfindlich menschliche Haut ist. Wenn er noch jung ist, lässt man ihm Dinge durchgehen, die man besser nicht zugelassen hätte. Dann kommt es dazu, dass der Hund keine Beißhemmung hat. Hunde glauben, menschliche Haut ist wie Elefantenhaut. Besonders im Babyalter bekommt man die starken Milchzähne zu spüren. Wenn man mit lautem Protest reagiert und das Spiel unterbricht, lässt er davon ab. Am besten bietet man von vornherein die Finger nicht zum Spielen an.

Spielerische Raufereien werden vor allem in den ersten sechs Wochen mit den Wurfgeschwistern erlernt. Hat er dazu keine Gelegenheit, kann er eine Spiel-Aggression und echten Angriff nicht unterscheiden.

Bei mehr als der Hälfte von Aggressionen handelt es sich um ein Dominanzproblem innerhalb der Familie. Die Mehrzahl der Fälle sind Rüden. Dabei konkurrieren Mensch und Hund um etwas. Das kann auch sein, wenn dem Hund sein Futter weggenommen wird oder er auf seinem Ruheplatz gestört wird. Toleriert der Besitzer ein Knurren des Welpen, so darf er sich nicht wundern, wenn er später keine Beißhemmung entwickelt.

Das Zweite ist ein sehr dominantes Verhalten dem Hund gegenüber. Das kann auch sein, wenn er bemuttert und zu viel grundlos gestreichelt und gekrault wird. Aber auch Zerren an der Leine und den Hund anschreien führen zu Aggression.

! *Alles, was Sie dem Welpen erlauben, wird sich im Erwachsenenalter im Verhalten des Hundes noch verstärken!*

Manche Menschen wollen im Grunde, dass der Hund ewig ein verspielter Welpe bleibt. Das ist in gewisser Weise Tierquälerei auf die sanfte Art. Denn der Hund wird nur aus Eigennutz benutzt. Solche Leute nehmen den Hund nicht als Hund, sie nehmen ihn nicht ernst. Ein psychisch starker Hund nützt diese Führungsschwäche gnadenlos aus und erhebt sich zum Rudelboss. Der Halter (weiblich oder männlich) merkt das nicht einmal. Oder er bezeichnet den Hund auch noch als „Problemhund".

! *Sollte es bei Ihrem Hund zu Aggressionen kommen, demonstrieren Sie ihm Ihren höheren Rang, indem Sie konsequent die Schritte anwenden, die zu Beginn dieses Kapitels beschrieben sind.*

Machen Sie sich und dem Hund klar: Sie sind der König. Der König hat Rechte, aber auch Pflichten. Ein König ist berechenbar und fair! Sie haben die Macht über die Leckerlis, Sie haben die

Macht über das „Geld“. Könige und Ranghöhere haben hohe Aufgaben, ja anstrengende Aufgaben. Der König bestimmt, wann gefressen wird, er bestimmt wann gespielt oder geschlafen wird. Sie müssen in irgendeiner Sache besonders gut sein.

Sie sind für Sicherheit zuständig und wenn die Welt droht zusammenzubrechen, Sie sind da, wie ein Fels in der Brandung. (Kennen Sie diese Situation? Der Typ Mensch, von dem Sie denken, wenn die Welt untergehen würde, an den halte ich mich, der wird es richtig machen.)

Erbe oder Umwelt?

Sicherlich gibt es Hunderassen, die – bedingt durch die Zuchtauslese – aggressiver sind als andere. Dass das so ist, hat der Hund letztendlich dem Menschen zu verdanken. Darüber hinaus hat die Kinderstube beim Züchter einen großen Einfluss: Wenn die Welpen nicht richtig sozialisiert werden und womöglich noch im Keller ihr Dasein fristen müssen, sind beim Hund Ängste und Unsicherheiten vorprogrammiert, die in Aggression münden können. Die andere Möglichkeit ist, dass der Hund in den falschen Händen landet.

Ein weiterer Aspekt ist die Reizschwelle des Hundes: Nur wenn die Aggression durch einen bestimmten Reiz ausgelöst wird, wird der Hund unter Umständen gefährlich. Je höher seine Reizschwelle, um so geringer ist die Wahrscheinlichkeit, dass seine Aggression ausgelöst wird. Die Aggression und Reizschwelle eines Hundes sind zwar genetisch verankert, aber durch Umwelt- und Haltungsbedingungen werden sie modifiziert.

10 Gesetze, wie Hunde ihr Eigentum regeln

1. Wenn ich’s mag, ist es meins.
2. Wenn ich’s im Maul habe, ist es meins.
3. Wenn ich’s dir wegnehmen kann, ist es meins.
4. Wenn ich’s vor ‘ner Weile schon mal gehabt habe, ist es meins.
5. Wenn’s meins ist, hast du nie wieder eine Chance, dass es mal deins wird.

6. Wenn ich was zerkaue, sind alle Teile meins.
7. Wenn's so aussieht, als ob es meins wäre, dann ist es meins.
8. Wenn ich's zuerst gesehen habe, ist es meins.
9. Wenn du etwas weglegst, mit dem du gespielt hast, ist es automatisch meins.
10. Und wenn's kaputt ist? Ja, dann ist es deins.

Hunde und Kinder

Kinder brauchen Hunde

Computer, Internet und Videospiele sind ein Trend unserer Zeit. Dieser Trend kann aus unseren Kindern Einzelkämpfer machen. Ein Hund kann Kinder dazu motivieren, mitfühlender und verständnisvoller zu werden – Werte in unserer heutigen Gesellschaft, die immer weiter in den Hintergrund treten.

Positiv ist, dass sich 90 % unserer Kinder ein eigenes Haustier wünschen.

Untersuchungen bei Volksschülern mit Haustieren haben ergeben, dass diese Kinder weniger aggressiv sind, sich mit Mitschülern besser vertragen. Außerdem sind sie fröhlicher, ausgeglichener und einfühlsamer. Sie erfüllen ihre täglichen Pflichten, ohne sich zu beschweren. Eigene Wünsche werden zurückgesteckt und sie sind bereit, dem Tier gegenüber Kompromisse zu machen. Ein Hund belohnt das Kind durch seine Zuneigung. Gemeinsame Aktivitäten verstärken dies. Auf das spätere Leben wirkt sich das positiv aus. Besonders im engen Für- und Miteinander wird auf die Bedürfnisse anderer mehr eingegangen. Demzufolge ist es wichtig, Kindern den richtigen Umgang mit Hunden zu vermitteln.

Wir wissen heute – wissenschaftlich belegt –, dass die Beziehung zwischen Kindern und Hunden einen hohen pädagogischen Wert hat. Wenn sich ein Kind einen Hund wünscht, so ist dies ein Zeichen für seine intakte seelische Entwicklung. Kleine Kinder vertrauen einem Hund ihre tiefsten Geheimnisse an. Er kann, wenn Sie alles richtig machen, der treueste Freund Ihres Kindes werden.

Positive Entwicklung bei legasthenischen Kindern

Eine besonders positive Entwicklung machte Ines mit Hunden. Die Mutter von Ines, Anna Steiner aus Wels, arbeitet mit legasthenischen Kindern, Ines (mittleres Kind von dreien) ist Legasthenikerin.
Ines wünschte sich einen Hund, leider passten die Umstände nicht. So machte ich Frau Steiner das Angebot, dass Ines nach telefonischer Voranmeldung nach Pichl kommen könne, um mit den Hunden zu spielen, sie zu streicheln, spazieren zu gehen, bei der Pflege mitzuhelfen etc.
Natürlich war Ines begeistert von dieser wunderbaren Idee. Und es ist kaum zu glauben: Mittlerweile ist ein Jahr vergangen und Ines (14 Jahre) ist ein anderer Mensch geworden. Sie ist viel ruhiger und ausgeglichener, und ihre Schulleistungen haben sich enorm verbessert. Die Mutter führt das auf die Beschäftigung mit den Hunden zurück.
Frau Steiner sagt: „Ines hatte das Schönste überhaupt bekommen, eine sinnvolle Beschäftigung und das Gefühl, gebraucht zu werden."

Prof. Dr. Konrad Lorenz, der weltberühmte Verhaltensforscher und Nobelpreisträger, sagte in einem seiner TV-Interviews: „Ob ein Kind einen Hund, Katze oder einen Kanarienvogel hat – jedes Tier bringt ihm bei, dass der Mensch nicht das einzige Lebewesen auf der Welt ist, sondern dass er ein Teil der Natur ist und dass die Naturgesetze für ihn genauso gelten. Er darf sich nicht gegen sie versündigen."

Hundeerziehung für Kinder

Ihr Kind wird lernen, dass der Hund erzogen werden muss. Dabei hat man konsequent vorzugehen. Ist das Kind zu nachgiebig, wird es bald erkennen, wohin das führt. Ohne Konsequenz können Sie schlechte Angewohnheiten nicht abgewöhnen. Schwierig wird es immer dann, wenn mehrere Familienangehörige mit ihm leben. Da kann schon mal, so rein zufällig versteht sich, etwas vom Tisch fallen. Doch nicht nur Kinder werden bei Hunden schwach. Auch dem Motivationstrainer Jürgen Höller ergeht es bei seinem eigenen Hund Gino manches Mal so.

Jürgen Höller und Edith Anna Kirchberger haben die Erfahrung gemacht, dass sich die Erziehung des Hundes nicht wesentlich von der eines Kindes unterscheidet, was die nötige Konsequenz angeht. Hat der kleine Alexander Höller etwas angestellt, und der Papa bestraft ihn unmittelbar nach der Tat – was wird wohl passieren? Alexander würde durch Lügen versuchen, die Verfehlung von sich zu weisen. Sie erkennen, dass das nicht der richtige Weg sein kann. Besser ist es, dem Kind verständlich zu machen, warum die Tat nicht gut war. Das Kind ist auf die Erklärungen angewiesen.

Hat Ihr Hund etwas angestellt, und Sie rufen ihn, um ihn zu bestrafen, so verbindet er damit, dass das Herkommen etwas Negatives ist. Das nächste Mal kommt er erst gar nicht mehr oder nur widerwillig. Die eigentliche Tat hat er schon vergessen. Das ist ein wesentlicher Unterschied zwischen Hund und Kind.

Rufen Sie* niemals *Ihren Hund zu sich und bestrafen ihn dann. Dadurch verbindet er mit dem Kommen Schmerz (Schimpfen). Beim nächsten Mal kommt er nicht mehr. Loben Sie ihn immer, wenn er kommt.

Wir Menschen haben ein Kurzzeitgedächtnis, aber der Hund hat ein ultrakurzes Kurzzeitgedächtnis. Es ist gut, wenn Sie falls Sie zufällig beobachten, wie Ihr Hund etwas tut, das Ihnen Freude bereitet, ihn sofort loben. Aber dabei bloß nicht auf den Rücken tätscheln, denn ein Hund legt dem anderen den Kopf auf den Rücken, um ihn unterzuordnen. Von Fremden und Kindern haben es Hunde daher nicht gern, am Rücken getätschelt zu werden, da das ein dominantes Verhalten zeigt. Dagegen ist am Kinn kraulen o.k.

Die Position des Kindes stärken

Ihr Kind sollte ein guter Ressourcenverwalter für den Hund werden. Überlassen Sie dem Kind das Füttern des Hundes, während Sie dabei bleiben.

Bringen Sie Ihrem Kind bei, einige einfache Übungen mit dem Hund zu machen wie „Sitz“, „Platz“. Wenn der Hund diese ausführt, gibt es Futter: Das Kind geht mit der Hand zur leeren Futterschüssel und gibt ganz wenig hinein. Immer wieder geht es zu der leeren Schüssel und gibt nach. Der Hund merkt dann, wer der Verwalter des Futters ist.

Ich habe bei Agility-Turnieren Kinder mit sieben Jahren gesehen, die tolle Ressourcenverwalter waren. Dass die großen Hunde in der Rangordnung ganz klar über den Kindern standen, war außer Zweifel. Aber die Kinder hatten gelernt, tolle Verwalter des Futters zu werden. Die Hunde wussten, die Kinder haben den Leckerlisack und sie bekommen erst etwas, wenn sie das gewünschte Verhalten zeigen. So war das Kind für den Hund wichtig.

> **!** ***Überlassen Sie Ihrem Kind die „Hoheit“ über das Hundefutter. Ihr Hund wird sich den Anordnungen des Kindes dann besser fügen!***

Gewiss haben Hund und Kind eines gemeinsam: Sie haben von Natur aus das Bedürfnis, sich anderen, klügeren oder älteren, unterzuordnen. Da Kinder klein sind und noch dazu eine piepsende Stimme haben, sehen Hunde Kinder als Welpen an, die man nicht ernst zu nehmen braucht. Das Kind kann aufgrund der fehlenden Größe und Autorität niemals eine wirkliche Respektsperson sein. Hunde nutzen gerne die Gelegenheit, um Kindern zu zeigen, dass sie ihnen überlegen sind. Das kann auch schon mal ein Knurren sein, was eine Unsicherheit oder ein Warnlaut ist. Dann müssen wir umgehend eingreifen: Der Hund hat sich sofort zu entfernen.

Ein paar dieser Übungen können schon helfen, um dem Hund beizubringen, auch Kindern zu gehorchen und sie zu respektieren. Fünf Minuten Gehorsamkeitsübungen am Tag bereiten Kind und Hund viel Spaß. Hunde wollen beschäftigt werden. Sie genießen es sehr, dass Kinder für sie viel Zeit haben.

Solange der Hund das Kind nicht als Chef ansieht, also nicht ernst nimmt, hat der Hund kein Problem mit den ranganmaßenden Gesten, die Kinder so machen, z.B. den Hund unsachgemäß umarmen. Hunde lassen sich so etwas von Kindern viel eher gefallen als von Erwachsenen, weil sie die ranganmaßenden Gesten des Kindes nicht ernst nehmen.

Sind die Eltern im Raum, wo Kind und Hund sich aufhalten, kann sich der Hund anders verhalten, wenn diese den Raum verlassen. Aus der Sicht des Hundes werden die Karten dann neu gemischt. Daher darf man kleine Kinder nie mit Hunden allein lassen!

! ***Wenn der Hund ruht, dann sollten ihn alle Familienmitglieder in Ruhe lassen!***

Machen Sie auch Ihrem Kind klar, dass ein Hund nicht wie wir den Schlaf nur in der Nacht braucht. Hunde haben ein größeres Schlafbedürfnis. Sie brauchen auch am Tag mindestens 3 bis 4 Stunden lang ihre Ruhe und Schlaf. Ansonsten legen Hunde eine erhöhte Aggression an den Tag. Wenn der Hund ruht, bitte in Ruhe lassen!

Der Hund braucht einen ungestörten Ruheplatz, der ganz allein ihm gehört und auf den er sich zurückziehen kann. Fernab von jeglichem Tumult, irgendwo in einer Ecke. Ein Zimmer, in das er sich zurückziehen kann, wenn er möchte. Wenn er in seiner Höhle liegt, dann dürfen ihn weder Kinder noch Besucher stören. Das ist ein absolutes Tabu und da wird er nicht angesprochen, auch nicht hineingegriffen und hervorgezogen.

Bei Kindern fühlt sich der Hund als ranghöher und will sie

erziehen. Kinder reagieren nicht immer auf die Körpersprache der Hunde. Wenn das Kind auf die vorangekündigten Drohungen des Hundes nicht reagiert, liegt es in seiner Natur, dass er das Recht hat zu zwicken. Es ist wichtig, dass Sie dem Kind, sobald es alt genug ist, die Hundesprache beibringen. Also, wenn der Hund gähnt, wenn er wegsieht, gleich gehen!

Es ist schön zu beobachten wie Kinder lernen, im Umgang mit Hunden Verantwortung zu tragen. Das Kind gewinnt Erfahrungen, die es das ganze Leben prägen werden.

Jürgen Höller und Edith Anna Kirchberger machen immer wieder die Erfahrung, dass die Erziehung des Kindes auf den Hund übertragbar ist. Sehr oft höre ich von den Besitzern, die von mir einen Hund haben: „Das ist ja dasselbe wie mit der Erziehung der Kinder." So ist es. Konsequenz, Konsequenz! Niemals sagen: „Ach was, heute lassen wir es gut sein."

Um glücklich zu sein, brauchen Hunde einen geregelten Ablauf und Beständigkeit. Wenn Kinder mit ihm toben oder Sie in der Arbeitskleidung stecken, darf er hochspringen. Dann kommt Tante Agatha in ihrem neuen rosaroten Kostüm. Woher soll der Hund nun wissen, dass er jetzt nicht hochspringen darf? Er müsste ständig raten, wann darf er und wann nicht. Sie verwirren ihn. Im Laufe der Zeit verliert er dadurch seinen natürlichen Instinkt und es fällt ihm immer schwerer, richtig einzuschätzen, was Ihnen gefällt. Dadurch versteht er die Welt nicht mehr. Durch Inkonsequenz lernen Sie ihrem Hund, dass es in Ordnung ist, nicht zu folgen. Wenn Sie dann einmal ernsthaft etwas durchsetzen wollen, haben Sie ein Problem. Sie werden sich doppelt anstrengen müssen.

Wenn ein Baby kommt

Die Situation ist ähnlich, wie wenn nach dem ersten Kind das Zweite kommt. Auch Hunde fühlen dies sehr genau. Beziehen Sie den Hund in das erweiterte Familienleben ein. Vertrauen Sie ihm und schließen Sie ihn nicht aus. Er soll dieselbe Aufmerksamkeit von Ihnen bekommen wie vorher, um nicht eifersüchtig zu werden. So wird er rasch begreifen, wie wichtig Ihnen das Baby ist und dass es Ihnen am Herzen liegt. Aber er wird auch erkennen, wie schutz- und hilfsbedürftig es ist. Nicht selten habe ich erlebt, wenn das Baby schreit, läuft der Hund aufgeregt zur Familie und holt Hilfe. Bei so manchen Babys entwickelte sich der Hund zum idealen Babysitter.

Wichtig ist, dass Sie von Anfang an alles richtig machen: Machen Sie Ihrem Hund klar, wo seine Grenzen sind und wie nah der Kontakt zum Baby sein darf. Wiege und Gitterbett sollten tabu sein. Auch Spielsachen, Kleider und Schnuller gehören dem neuen Erdenbürger.

Weisen Sie Ihrem Hund einen sicheren Platz zu, wo er vor dem noch ungestümen Verhalten des Kindes sicher sein wird. Wenn das Kind älter ist, sollten Sie ihm beibringen, dass das Berühren des Hundes nur gestattet ist, wenn sie dabei sind.

Der Hund wird das Leben Ihres Kindes bereichern, wie schon bisher Ihr eigenes. Kinder gewinnen so einen wesentlichen Vorsprung gegenüber ihren „tierlosen" Altersgenossen. Und eines steht mit Sicherheit fest: ein gesundes Tier macht keinen Menschen krank.

Wenn Kinder Angst vor Hunden haben

Verwandle Angst in Mut!

Angst ist zunächst einmal etwas durchaus Positives: Wenn unsere steinzeitlichen Vorfahren keine Angst gehabt hätten und auf einer Lichtung einem Säbelzahntiger gegenüber gestanden wären, hätten sie möglicherweise, anstatt die Flucht zu ergreifen, dem Tiger vielleicht den Hals kraulen wollen ... Weil aber auch sie Angst in sich hatten, suchten sie lieber das Weite – und wir haben als Spezies überlebt!

Angst ist also etwas durchaus Positives, denn es setzt Automatismen in Gang, die uns schützen. Allerdings können Ängste sich oft dermaßen steigern, dass sie schließlich ungesund stark werden, man spricht dann von einer Phobie! Hat das Kind große

Angst, nicht nur vor Hunden, sondern auch vor anderen Dingen, ist dies übrigens ein sehr guter Indikator für ein geringes Selbstwertgefühl. Denn je mehr Ängste ein Mensch hat, desto kleiner ist sein Selbstwertgefühl.

! ***Angst stammt von Angustus ab und bedeutet „Enge im Bewusstsein".***

Wie aber kann man einem Kind die Angst vor Hunden nehmen?

- Respektieren Sie das Angstgefühl Ihres Kindes und haben Sie Respekt davor. Machen Sie es nicht lächerlich im Sinne von „Ach, Du brauchst doch keine Angst zu haben, das ist doch lächerlich". Damit werten Sie Ihr Kind noch mehr ab.
- Machen Sie Ihrem Kind bewusst, dass es durchaus in Ordnung ist, Angst zu haben – und gleichzeitig etwas dafür zu tun, diese los zu werden.
- Die Technik anwenden, den Stier bei den Hörnern zu packen: Der Weg aus der Angst geht immer nur über die Angst! Darum ist es ja so wirkungsvoll, genau das zu tun, wovor die meiste Angst herrscht. Wer Angst vor Spinnen hat, der sollte, unter fachkundiger Aufsicht, schließlich den Kontakt mit Spinnen suchen. Wer Angst vor großen Höhen hat, der sollte gerade diese großen Höhen suchen. Wer Angst vor Hunden hat – der sollte den Kontakt zu Hunden suchen! Man sollte also, unter fachkundiger Anleitung und wohl dosiert, das Kind in Kontakt mit Hunden bringen. Dann wird die „Dosis" immer mehr gesteigert – bis das Kind schließlich seine Angst verloren und Zutrauen zu den Hunden gefasst hat.

Apropos „den Stier bei den Hörnern packen": Wissen Sie eigentlich, woher diese Redewendung stammt? Von den Toreros, weil sie davor (den Stier an den Hörnern zu packen) die größte Angst hatten.

Der Weg aus der Angst

Diese wahre Begebenheit hat sich bei mir unzählige Male wiederholt.
Grundsätzlich lasse ich Kinder, die Panik vor Hunden haben, zunächst nicht in den Garten mit den Hunden. Markus stand weit vom Tor entfernt und weinte jämmerlich. Ich setzte mich zu ihm und arbeitete daran, ihn in eine positive Stimmung zu bringen. Nachdem er Vertrauen zu mir gefasst hatte, erzählte ich ihm von den vielen Kindern vor ihm, die alle ihre Angst verloren haben.
Ich fragte ihn, ob er seine Angst los werden möchte. Auch erklärte ich ihm, wenn er so sehr an diesen Ängsten hängt – wegnehmen möchte ich sie ihm nicht. Das machte ich sehr lustig und scherzhaft. Schließlich teilte er mir mit, er würde gerne diese schreckliche Angst verlieren.
„Markus", sagte ich, „ich habe keine Wunderpille für dich, ich kann dir nur helfen, wenn du mir dabei hilfst". Markus: „Bitte, was muss ich tun?"
„Markus, du musst den Stier (deine Angst) bei den Hörnern packen." Ich erklärte, dass wir stundenlang darüber reden könnten, aber weg ist die Angst dann trotzdem nicht. Wir müssen zu mir rein und werden da drinnen Schritt für Schritt mit den allerkleinsten Hunde-Neugeborenen anfangen und uns bis zu den Großen vorsichtig herantasten.
Ehe Markus zum Nachdenken kam, überrumpelte ich ihn. Ich machte die Türe auf und sagte ihm, er muss schnell reinkommen, sonst laufen die Zwerge bei der offenen Tür auf Nimmerwiedersehen davon. Natürlich haben wir vorgesorgt und auf Markus stürzten nicht alle meine 100 Hunde auf einmal hin. Nur ein paar ganz besonders zärtliche, die sich zurückhielten, durften dabei sein.
Als wir das Haus erreichten, fragte ich Markus scherzhaft mit einem ständigen Lächeln auf dem Gesicht, wie viele Finger nun fehlen. Dann ging es relativ rasch, die ersten Brücken waren geschlagen und ein Welpe nach dem anderen wurde gebracht.

Die Mutter des kleinen Markus glaubte, der Erfolg sei nur von kurzer Dauer und die Angst komme wieder. Damit das nicht passiert, habe ich Markus eine Aufgabe mitgegeben. Er sollte zunächst mal Hunde suchen, die er kennt, zu ihnen gehen und mit ihnen den gelernten Kontakt üben.

Bereits am nächsten Tag rief mich die Mutter voller Begeisterung an, dass Markus zum Nachbarshund, vor dem er immer so viel Angst hatte, gegangen war und ihn gestreichelt hatte – für die Familie begann eine ungewöhnliche angstfreie Zeit mit ihrem Sohn.

Mittlerweile hat sich der Erfolg der Kirchbergschen Methode schon herumgesprochen, so dass es eine große Nachfrage nach Antipanik-Seminaren gibt (Adresse im Serviceteil, Seite 174).

Mut hat der, der trotz Angst handelt!

Asye, ein kleines türkisches Mädchen, hatte Schwierigkeiten, sich in der österreichischen Schule zurechtzufinden. Frau Helga Schramm erklärte sich bereit, Asye dabei ein wenig zu helfen. Da sie aber wusste, dass türkische Kinder Angst vor Hunden haben, musste sie Asye zunächst darauf vorbereiten, dass in ihrem Haus ein zwar äußerst gutmütiger, aber großer Hund lebt. Die Golden-Retriever-Hündin war aus meiner ehemaligen Zucht und auch ich wusste, dass Nadja, so hieß die Hündin, dem Mädchen würde helfen können.

Mit gemischten Gefühlen beobachtete Frau Schramm die erste Begegnung der beiden, bei der Asye panische Angst hatte. Nadja konnte dies gar nicht verstehen, denn sie hätte das kleine Mädchen doch so gerne mit einem Stofftier begrüßt. Während der Lernstunde blickte Asye immer wieder in Richtung „Gefahr".

Zum nächsten Treffen holte Frau Schramm sie mit dem Auto von zu Hause ab, Nadja saß im Kofferraum. Es war nicht möglich, Asye zum Einsteigen und auf den Rücksitz zu bewegen. Während der Übungsstunde spielte Nadja dann im Garten mit ihren Bällen. Immer wieder blickte Asye durch das Fenster und beobachtete den Hund, da sie vorher so etwas noch nie gesehen hatte.

Beim dritten Besuch durfte dann Nadja schon etwas näher kommen. Immer wieder versuchte sie, mit Spielsachen im Maul, das Kind zum Spielen aufzufordern.

Asye stieg aus Angst auf die Bank und warf Nadja von oben Leckerli zu. Langsam wuchs das Vertrauen und die beiden kamen sich immer näher. Dann kam der Moment, den man noch vor wenigen Wochen nicht für möglich gehalten hätte. Asye streichelte Nadja, umarmte den Hund und letztlich führte sie ihn auf dem Heimweg an der Leine. In der Nähe des Spielplatzes zeigte sie den anderen Kindern voll Stolz, wie vertraut sie inzwischen mit dem Hund geworden ist.

Wer das gesehen hat, hätte nie geglaubt, welch panische Angst noch vor wenigen Wochen bestanden hat. Nun freute sich Asye immer auf ihre Lernstunde, weil sie anschließend mit Nadja spielen durfte.

Um ihren Mitschülern zu beweisen, dass man auch vor großen Hunden keine Angst haben muss, durfte Nadja sogar zu einem Besuch in die Schule kommen.

Mache das, wovor Du am meisten Angst hast, und Du verlierst sie.

Mark Twain

Übertriebene Fürsorge ist genauso falsch wie die Aussage: „So ein Blödsinn!“ Bringen Sie dem Kind bei, kleine Gefahren selbstständig zu meistern. Dabei lernt es, vernünftig, vorsichtig, aber ohne übertriebene Angst zu reagieren.

Erklären Sie Ihren Kindern, dass man das Vertrauen eines Hundes dann gewinnt, wenn man ruhig stehen bleibt, sich langsam bewegt, mit tiefer Stimme zu ihm spricht und ihn an der Hand riechen lässt. Anstarren dagegen empfinden Hunde als Bedrohung. Der Urinstinkt sagt dem Hund, wenn Geschöpfe sich schnell bewegen, womöglich noch quietschen, dann handelt es sich um jagdbares Wild.

Hunde beobachten sehr genau, und schenken Kindern mehr Aufmerksamkeit, als ihnen manchmal lieb ist. Hunde, die man nicht kennt, fasst man niemals an, ohne vorher den Besitzer zu fragen. Davonlaufen, womöglich dabei noch schreien, ist das Schlimmste, was ein Kind machen kann. Bei Hunden wird dabei das Beutefangverhalten ausgelöst. Abwarten ist das Allerbeste.

Dann kommt der Lohn für Kinder: endlich in das weiche Fell des Hundes greifen zu können. Für 80 % aller Acht- bis Zwölfjährigen ist das schönste Alltagserlebnis, mal so richtig mit Hunden zu schmusen und Zärtlichkeiten auszutauschen. Heute ist wissenschaftlich erwiesen, dass Kinder, die mit Hunden aufwachsen, später auch Menschen gegenüber ein größeres Einfühlungsvermögen zeigen als Kinder ohne Hunde. Der Hund ist ein Freund, der immer zuhört, immer Zeit hat, dem man alle Sorgen erzählen kann.

So hat beispielsweise im Februar 2002 ein kleiner Malteser einem Mädchen geholfen. Die Presse berichtete:

Kleiner Malteser hilft Stephanie aus seelischer Krise

Hart mitgespielt hat das Leben der 13-jährigen Stephanie aus Wels. Das Mädchen war Zeuge von fünf Bränden und vor kurzem wurde ihr kleiner Mischlingshund von zwei Kampfhunden angegriffen und schwer verletzt. Spontan entschloss sich die Hundezüchterin Edith Anna Kirchberger dem Mädchen zu helfen und schenkte ihr einen Malteser.

Fest drückt Stephanie den kleinen Hund an sich. Sie freut sich über die neue Aufgabe und lächelt endlich wieder einmal. Das Mädchen aus Wels hat einiges mitgemacht. In dem Wohnhaus, in dem sie mit ihrer Mutter lebt, hat es in den vergangenen Jahren fünf Mal Brandalarm gegeben. Bei einem Kellerbrand konnte sich das Mädchen nur durch einen Sprung aus dem ersten Stock vor dem Qualm retten. Ein vergessener

Kochtopf löste im Dezember des Vorjahres den fünften Brand in dem Haus aus. Da diese Vorfälle stets in der Nacht waren, konnte Stephanie nicht mehr schlafen, ihre Nerven spielten nicht mehr mit. Das Mädchen landete für einen Monat im Kinderkrankenhaus in Linz.
Mit all dem noch nicht genug, ließen sich vor kurzem ihre Eltern scheiden. Zudem wurde ihr kleiner Mischlingshund von zwei Pitbull-Rottweiler-Mischlingen angegriffen und schwer verletzt.
„Als ich von dem schweren Schicksal des Mädchens und der finanziellen Lage der Alleinerzieherin erfuhr, habe ich mich spontan dazu entschlossen, ihr einen Malteser im Wert von rund 750 Euro zu schenken", berichtet Edith Anna Kirchberger. Der kleine Hund soll dem Mädchen aus der psychischen Krise helfen. Durch die Verantwortung für das Tier soll sie von ihren eigenen Problemen abgelenkt werden.

Motivations- und Gehorsamsübungen

Zeigen Sie dem Hund, dass es schön ist, bei Ihnen zu sein; das bedeutet, Bindung zu schaffen! Als Motivation verwenden Sie Leckerli. Machen Sie daraus ein „ultrafeines Gusto-Stückchen", etwas ganz Tolles, und um das zu bekommen, muss Ihr Hund für Sie eine besondere Leistung erbringen.

Um mit einem Hund ordentlich arbeiten zu können, ist es wichtig und notwendig, dass ich meine Ressourcen so verwalte, dass der Hund das Gefühl hat, mich „trainieren" zu können, dass es an mir bestimmte Knöpfe gibt. Wenn er sie drückt, kommen Leckerlis heraus und bei anderen Knöpfen kommen ungute Sachen heraus, wie Verbote. Ein Beispiel: Wenn ich ihm bei Fuß gehen beibringen möchte, dann bringe ich dem Welpen bei, dass er mich trainieren kann, indem er, wenn er an der Leine zieht, mich zum Stehen bringt, und bei lockerer Leine zum Gehen.

Jeder Hund ist anders, finden Sie heraus, wofür Ihr Hund seine Seele verkaufen würde. Sind es Leckerlis oder möchte er am liebsten spielen? Dann machen Sie aus Ihrem Hund z.B. einen süchtigen Spieler.

Leinenführigkeit

Der Hund, das erste Mal an der Leine,
verhält sich wie ein Stier an der Leine!

Als erstes sollten Sie ihn mit dem Halsband vertraut machen. Immer wenn er es trägt, beschäftigen Sie sich mit ihm. Mit den ersten Übungen zur Leinenführigkeit beginnen Sie erst, wenn er Vertrauen zu Ihnen gefasst hat und sich in einer ruhigen Umgebung befindet. Noch besser: fangen Sie mit den ersten Übungen, wenn Platz ist, in der Wohnung an. Im Freien auf Störfaktoren wie Autos, Kinderspielplätze oder viele Menschen achten.

Zerren Sie den Hund, wenn er Angst hat, niemals einfach weiter. Mitleid wäre aber auch falsch. Können Sie ihn von einer ängstlichen Haltung nicht ablenken, tragen Sie ihn weiter. Üben Sie in einer weniger bedrohlichen Gegend weiter. Locken Sie ihn mit Leckerli oder Spielzeug.

Bei allen Übungen sind Wiederholungen an verschiedenen Orten notwendig. Die Erziehung darf nicht zu schnell vorangetrieben werden. Man darf den Hund nicht überfordern. Wichtig: Übungen mit dem Welpen dürfen höchstens fünf Minuten dauern!

Wenn Ihr Hund an der Leine zieht, sofort stehen bleiben. Erst, wenn die Leine locker ist, weiterlaufen!

Herkommen

Auch hierbei werden die Kommandos eindeutig, klar und kurz gegeben! Es verwirrt den Hund, wenn jemand „Hier" ruft und der andere „Komm" sagt. Der Einsatz der Stimme sollte immer dem Wesen des Herrn entsprechen. Beispielsweise könnte „Candy, komm her" für manchen Hund zu lang sein. Überlegen Sie sich gut, ob Sie wirklich wollen, dass er zu Ihnen kommt? Wenn ja, dann bestehen Sie auch darauf. Gehen Sie in die Hocke, das beängstigt ihn weniger. Locken Sie ihn mit besonders gut riechenden Leckerlis. Das Herankommen muss immer mit einem positiven Erlebnis verbunden sein. Ist er bei Ihnen, motivieren Sie ihn durch ihr überschwängliches Loben.

Wenn Sie oder Ihre Kinder den Hund ständig rufen, wird er bald nicht mehr kommen. Überlegen Sie: Ist es wirklich notwendig?

Er kommt, dann läuft er davon? Lassen Sie sich nie dazu verleiten, dem Hund nachzulaufen. Gehen Sie stattdessen in die entgegengesetzte Richtung! Verstecken Sie sich, um seine Aufmerksamkeit zu wecken. Schnell wird er wieder auf Ihr Hörzeichen reagieren und folgen. Achtung: das ist nur möglich, wenn keine Gefahr von Autos droht.

Ratsam ist es, wenn Sie mit jemandem über Ihren Hund sprechen, nicht den Rufnamen des Hundes zu verwenden. Sein Name ist für ihn wie ein Codewort; daran soll er erkennen, dass das nun folgende ihn etwas angeht. Die Stimme ist für den Hund sekundär, es ist für ihn wie das Nebengeräusch Radio. Und dann verwenden Sie das Codewort, „Charly“, und er spitzt die Ohren und ist da. Achten Sie bei der Wahl des Hundenamen darauf, dass es keine Namensgleichheit gibt, so vermeiden Sie Missverständnisse.

Aus

Ein häufig zweideutiges Kommando ist „Aus“. Was wollen Sie: Soll er ruhig sein oder soll er einen Gegenstand auslassen? Alle Familienmitglieder müssen sich auch hier immer an die gleichen Kommando-Wörter halten und damit die gleiche Bedeutung verbinden.

Sitz

Das Kommando „Sitz“ lernt der Hund am besten dadurch, dass sich der Leckerbissen am Anfang direkt vor seiner Schnauze befindet und dann leicht nach oben bewegt wird, so dass er seinen Kopf nach hinten biegen muss, um den Leckerbissen nicht aus den Augen zu verlieren. Bald wird sich der Hund setzen, da diese Haltung für ihn bequemer ist. Wendet er den Blick ab, so muss die Übung einige Male wiederholt werden, wobei immer wieder das Wort „Sitz“ erfolgen sollte. Wiederholen Sie diese Übung an verschiedenen Orten.

Platz

Das Kommando „Platz“ lernt der Hund auf ähnliche Weise: Wenn er sitzt, bewegen wir ein Leckerli vor ihm zum Boden. Um es zu erreichen, wird er sich hinlegen. Wir sagen dabei „Platz“ und reichen ihm das Leckerli, wenn er sich hingelegt hat. Nach vielen Wiederholungen hat der Vierbeiner das Wort „Platz“ mit dem Hinlegen verknüpft.

Hundeschulen

Diese sind eine angenehme, gesunde und fröhliche Freizeitbeschäftigung. Neben den vielen neuen Freundschaften, die dort geschlossen werden können, erhält man nützliche Tipps. Endlich können Sie einmal mit vielen Gleichgesinnten Erfahrungen austauschen. Demzufolge können Hundeschulen grundsätzlich empfohlen werden. Sie, aber auch Ihr Hund, lernen dabei. Die Ausbildungsrichtlinien haben sich heute total geändert, die meisten arbeiten ohne jeden Druck, die Lernmethoden sind für den Hund überaus positiv und angenehm. In Österreich kenne ich die meisten Anlagen und berate Sie gerne bei Ihrer Wahl.

Hundeausbilder sind meistens nett und freundlich, sie sollten zumindest nicht über andere schimpfen. Aber es gibt, wie überall, auch hier schwarze Schafe. Manchmal kommt mir auch zu Ohren, dass leider so manche der Hundeschulen die von Ethologen erforschten Lernmechanismen von Hunden zu wenig berücksichtigen. Auf die einzelnen Besonderheiten der jeweiligen Rasse, aber auch auf die Besitzer wird manchmal leider viel zu wenig eingegangen. Die Ausbildungsmethoden sind manchmal veraltet.

Ein guter Trainer zeigt sich daran, dass er mit jedem Hund jeden Geschlechtes, jeden Alters und jeder Rasse arbeiten kann. Ausrutscher und Versagen liegen in den allermeisten Fällen nicht am Hund, sondern am Trainer!

Was erwarten Sie von einer Hundeschule?

Manche Hundeschulen konzentrieren sich eher auf den Schutzhundesport. Andere widmen sich soliden Grundlagen der Erziehung für den alltäglichen Umgang (Welpenspielstunden,

Prägungsspieltage, Begleithundeprüfung usw.). Wieder andere haben sich auf Sportarten wie Agility und Flyball spezialisiert.

Hundehalter von Zwerghunden werden sich auf einem Abrichteplatz für Schäferhunde deplatziert vorkommen. Entweder Sie suchen sich eine Hundeschule Ihrer Rasse entsprechend oder eine, die auf keinerlei Rassen fixiert ist. Optimal ist es, wenn Sie mit Ihrem Welpen ab 10 Wochen zum Welpenkurs und später mit 9 Monaten zum Junghundekurs gehen.

So erkennt man eine gute Hundeschule

- Der Trainer soll einen sympathischen Eindruck machen, achten Sie dabei auf Ihr Gefühl.
- Akzeptieren Sie keinerlei Ruppigkeiten am Telefon. Es kann nur noch schlimmer werden!
- Wo gebrüllt wird, sollten Sie sofort verschwinden.
- Bei Geheimniskrämereien auch!
- Der Ausbilder sollte auch andere Lehrmethoden kennen und begründen können, warum er sie nicht anwendet. Die Aussage „Alles Blödsinn" darf Ihnen nicht reichen. Auch nicht ein Argument wie „Das haben wir schon immer so gemacht. Das muss so!".
- Drängt die Schule auf Anmeldung und Bezahlung, bevor man die erste Stunde absolviert hat, sollte man vorsichtig sein. Wer von seiner Arbeit überzeugt ist, lässt den Kunden wenigstens eine Stunde lang testen.
- Es sollte erlaubt sein, dass ein Interessent erst einmal ohne Hund einer Übungsstunde zusieht, um sich ein Bild von der dortigen Methode zu machen und um sich klar darüber zu werden, ob er sich dort wohl fühlt.
- Die Schule bietet Welpen-Spielgruppen schon für die Kleinsten (ab 10 Wochen) an. Die Erziehung wird behutsam eingeführt. Der Halter wird beraten, was er schon jetzt zu Hause spielerisch mit seinem Hund üben kann.
- Der Ausbilder soll sich für Sie genügend Zeit nehmen und versuchen, Ihr Problem zu verstehen.

- Es werden keine Kettenhalsbänder verwendet bis kurz vor der Prüfung, da dies noch so in der Verordnung steht.
- Wenn der Hund „Sitz“ machen soll, wird er hinten nicht niedergedrückt.
- Wenn er „Platz“ machen soll, wird nicht in die Leine gestiegen.
- Der Trainer soll einen guten Zugang zu Ihrem Hund haben.
- Er soll sich der rassespezifischen Besonderheiten Ihres Hundes bewusst sein und darauf gezielt eingehen.
- Während der Ausbildung sollte es humorvoll und fröhlich zugehen. Schlechte Laune versteht unser Vierbeiner überhaupt nicht.
- Gewalt oder Härte müssen ein absolutes Tabu sein.
- Wenn mit Motivation über Leckerlis, über Körpersprache, Calming Signals und Spielmotivation gearbeitet wird, sind sie gut aufgehoben.
- Der Trainer soll seine Grenzen kennen und nach diesen handeln.
- Die Arbeit mit dem Hund soll ohne Hektik und ohne grobe Umgangsformen ablaufen.
- Das Training soll immer gemeinsam mit dem Hundehalter stattfinden, damit dieser den richtigen Umgang mit seinem Vierbeiner lernt. Schulen, die versprechen, den Hund in Abwesenheit des Halters zu erziehen, machen diesem etwas vor: Denn der so erzogene Hund folgt seinem Herrchen oder Frauchen noch lange nicht.
- Die Gruppen sollten klein sein, so kann der Trainer den Überblick behalten und es bleibt Zeit für Erklärungen.
- Lassen Sie sich nicht einreden, dass aus ihrem Hund sowieso nichts mehr wird. Wechseln Sie in solchem Fall den Ausbilder und nicht den Hund! Ihre Kinder geben Sie ja auch nicht gleich zur Adoption frei, nur weil sie im Matheunterricht zu versagen scheinen.
- In den Spielpausen sollte Ihrem Welpen der Kontakt mit anderen geboten werden. Auch richtiges, motivierendes Spielen mit ihm soll gelernt werden.
- Der Hundeplatz soll großzügig angelegt sein, mit sicherer Umzäunung.

- Saubere Unterbringungsmöglichkeiten für Ihren Hund.
- Aufenthaltsräume für Hundehalter sollten vorhanden sein.
- Das angebotene Programm soll überschaubar sein.

Clickern als Motivation

Clickertraining konzentriert sich auf die Anwendung positiver Motivation. Es ist eine sanfte Erziehungsmethode, deren Erfolg darauf beruht, die Hunde durch positive Bestärkung zu motivieren. Dem Hund kann ohne Zwang und Strafe von Begleithundearbeit bis zu Kunststücken alles beigebracht werden. Sie können mit dem Hund leichter arbeiten als mit den herkömmlichen Methoden. Geeignet sind alle Rassen und Altersgruppen. Sie brauchen dazu eine gute Beobachtungsgabe und ein gutes Zeitgefühl.

Das Clickertraining steht in Verbindung mit Erkenntnissen, die Professor Pawlow an seinen Schäferhunden gewonnen hat. Der russische Wissenschaftler stellte fest, dass seinen Hunden bereits das „Wasser im Maul" zusammenlief (vermehrte Speichelproduktion), wenn sie ihr Futter nur sahen. Anschließend schlug er immer, wenn er ihnen das Futter reichte, eine Glocke. Nach einiger Zeit schlug er lediglich die Glocke – ohne gleichzeitig Futter zu reichen – und stellte fest, dass die Speichelproduktion bei seinen Schäferhunden genau in dem gleichem Maße anstieg, als wenn sie ihr Futter tatsächlich vor sich hätten stehen sehen. Auf diesen Experimenten basieren die Erkenntnisse der Konditionierungs-Lehre (im Neurolinguistischen Programmieren kennt man diese Technik auch als „Anker-Methode").

Ein „Anker" ist eine Sinneswahrnehmung (sehen, hören, fühlen, riechen oder schmecken), die Sie wahrnehmen und die gleichzeitig in Ihnen ein positives oder negatives Gefühl auslöst. Der Grund dafür ist der, dass Sie in der Vergangenheit eine positive oder negative Erfahrung machten, bei der Sie genau diese Sinneswahrnehmung gleichzeitig mit aufnahmen. Einige Beispiele für Anker:

- Sie sitzen im Wartezimmer des Zahnarztes und hören das Bohrgeräusch – und schon bricht Ihnen der Schweiß aus, geht der Puls hoch, fühlen Sie sich unwohl = negativer Anker!
- Sie hören ein bestimmtes Musikstück im Radio, das Sie immer gehört haben, als Sie zum ersten Mal richtig verliebt waren – und schon haben Sie eine bessere Stimmung = positiver Anker!
- Ein Sportler ballt die Faust – und schlagartig hat er noch mehr Energie, weil er immer, wenn er sich voller Energie fühlt, die Faust ballt = positiver Anker!

Jeder Mensch besitzt Hunderte von positiven und negativen Ankern, meist jedoch unbewusst. In den Seminaren von Jürgen Höller gibt es eine bestimmte Passage, in der jeder Seminarteilnehmer sich ganz bewusst und absichtlich „positive Anker" anlegt, die ihm verhelfen, zu jedem Zeitpunkt innerhalb von wenigen Augenblicken in einen körperlichen und geistigen Höchstzustand zu kommen.

Das Clickertraining ist nichts anderes als eine Konditionierung Ihres Hundes auf den Anker „Clicker".

Trainieren Sie höchstens fünf Minuten und das zwei- bis dreimal am Tag. Clicken bedeutet für den Hund, es gibt gleich eine Belohnung. Das ist ein Versprechen, das immer eingehalten werden muss. Also, Clicken = Futter = etwas Gutes. Der Clicker ist eine Brücke zwischen dem Erringen der Belohnung und der Aushändigung. Es wird ihm versprochen, dass er, sofort nachdem geclickt wurde, seine Belohnung bekommt. Das Tier wird auf dieses Geräusch hin motiviert.

Der Clicker ist für das Tier eine Informationsquelle. Es ist eine deutliche, klare Sprache für den Hund. Nuscheln oder Sprechen lässt ihn rascher ermüden. Mit dem Clicker können Sie schnellere Ergebnisse erzielen. Wenn Sie es falsch machen, werden Sie allerdings nichts erreichen. Es ist daher empfehlenswert, einen Kurs zu besuchen, um einmal selbst zu sehen, wie wunderbar diese Methode ist und wann geclickt werden muss.

Man kann jede gewünschte Bewegung des Tieres belohnen, ihm etwa, wenn er sich nach rechts wendet, Futter geben und so einem Hund in mehreren Schritten beibringen, sich im Kreis zu drehen. Oder belohnt man den Hund immer dann, wenn er seinen Kopf über eine bestimmte Marke erhebt, dann läuft er am Schluss des Experiments auf das entsprechende Kommando hin mit hocherhobenem Kopf umher.

Will man einen Hund dazu bringen, einen Gegenstand aufzunehmen, belohnt man ihn anfangs immer dann, wenn sein Fang sich dem Gegenstand nähert. Später belohnt man ihn erst, wenn er auch auf den Gegenstand schaut, und dann nur mehr, wenn er ihn mit dem Fang aufnimmt.

Bevor Sie mit Ihrem Hund arbeiten, ist es wichtig, dass er Clicken als eine gute Sache ansieht. Mit Futter ist es am einfachsten. Wählen Sie etwas, das er besonders mag, und machen Sie daraus erbsengroße kleine Brocken.

Beginnen Sie mit Click und Futter, Click und Futter. Nur das und sonst gar nichts. 10 bis 20 Mal aus der einen Hand und auch aus der anderen. Es braucht drei Tage bis die Verknüpfung „Click = Futter" im Nervensystem des Hundes gespeichert ist.

Danach beginnen Sie mit der ersten Übung. Macht er seine Sache richtig, geben Sie ihm blitzartig sein Click und schnell das Futter dazu. Für das Futter brauchen Sie ein Säckchen, sodass Sie es leicht und schnell erreichen können. Wir formen das Verhalten, indem wir mit dem Click die kleinste Änderung, das kleinste Ansatzverhalten in die gewünschte Richtung motivieren. Üben Sie immer nur wenige Minuten, beenden Sie es möglichst positiv. Lassen Sie Ihren Liebling nicht im Regen stehen. Wenn Sie fertig sind, ist es wichtig, ihn mit einer „Futterstraße" zu motivieren. Das heißt, greifen Sie kräftig in die Tasche und verstreuen das Futter. Das ist der Abschluss, den Sie von niemandem stören lassen dürfen.

Es ist wie bei dem Heiß-Kalt-Spiel: Stimmt die Richtung, gibt es Clickmotivation, stimmt sie nicht, gibt's gar nichts. Mehr Infos zum Clicker-Training finden Sie in den Büchern von Martin Pietralla (siehe Serviceteil, Seite 171).

Grundregeln für das Clickertraining

- Drei Tage lang, 3 × täglich 10 – 20 Mal Futter geben und dabei jeweils 1 × clicken.
- Ab dem 4. Tag mit der ersten Übung beginnen, nur wenige Minuten. Wenn Ihr Hund die Übung richtig ausführt: Clicken und Futter geben.
- Das Üben immer positiv beenden, d. h. dann, wenn der Hund die Übung optimal ausgeführt hat.
- Zum Abschluss der Übung: Futter am Boden verteilen!

Körpersprache und Calming Signals

Einer der größten, überheblichen menschlichen Irrtümer ist die Behauptung, Tiere könnten nicht sprechen. Wir meinen mit „Sprache" nur Sätze mit menschlichen Lauten. Tatsache ist, Tiere besitzen vielfältige Sprachen, nur verstehen die meisten Menschen sie nicht oder nur selten oder falsch. Wenn Menschen lächeln und dabei ihre Zähne zeigen, kann das ehrlich sein oder geheuchelt. Wenn Hunde ihre Zähne zeigen, ist das weder geheuchelt noch zum Lachen. Sie drohen. Doch beide können von ihren unterschiedlichen Gesten und Mimik, ihrer verschiedenen Körper- und Lautsprache lernen.

Eine wirklich kompetente Verhaltens- und Physiotherapeutin ist Katharina Aberle aus Wien (Adresse im Serviceteil, Seite 174). Sanfte Erziehung statt blindem Gehorsam – so lautet das Motto ihrer Kurse. Sie beachtet auch die Theorie und in der Praxis wird der eigene Hund mitgenommen.

Durch die Arbeit mit dem eigenen Hund können schon während des Kurses auftauchende Schwierigkeiten gelöst werden. Nebenbei lehrt sie Calming Signals (Beschwichtigungssignale), die Hunde anwenden, um im Rudel zu kooperieren und sich nicht bei Rangordnungsauseinandersetzungen zu verletzen.

Wenn ein Hund vor einem anderen Angst hat, verwendet er Calming Signals um zu sagen: „Du, ich habe Angst vor dir, komm mir nicht zu nahe." Wenn zwei Welpen zu wild miteinander spielen, und es wird zu heftig, schreitet die Mutter ein, um zu sagen: „Nicht so wild, sonst gibt's Tränen."

Haben Sie schon einmal gesehen, wie erwachsene Wölfe sich gegenseitig abknuddeln? Aber dort sprechen sie mit ihrem ganzen Körper. Sie setzen ihn ein. Das hat man uns aberzogen! Lernen wir von den Hunden wieder eindeutige Körpersprache. Für sprachgestörte Menschen, und das sind viele, können kommunikativ geprägte Hunde geradezu als logopädische Therapeuten wirken.

Was meinen Sie? Wie viele grundsätzliche Signale kann ein Hund allein mit seinen Körperteilen aussenden? Es gibt 13 unterschiedliche Körpersignale mit 71 Kriterien. Natürlich sind Kopf, Rute, Ohren und Fang die wichtigsten Regionen. Hinzu kommen noch viele Feinheiten, die Sie mit etwas Übung erkennen können.

Psychologen nennen das Blickschulung. Daran erkennt man nicht nur die psychische, sondern auch die gesundheitliche Befindlichkeiten. Die Körpersprache des Hundes zeigt Ihnen seine Verfassung. Freude, Aggression, Unterwürfigkeit, Angst oder Unsicherheit und noch vieles, vieles mehr. Dabei ist der Hund ganz offen und verstellt sich nicht; er ist auch nicht boshaft, er hat das richtige Verhalten nur noch nicht begriffen und kann es noch nicht verknüpfen.

Hunde haben viele Möglichkeiten, uns und anderen Hunden ihre friedlichen Absichten zu zeigen. Durch Gesten der Unterwerfung machen sie uns ein Friedensangebot. Sie vermeiden es, uns anzustarren und sehen auf die Seite. Ja und sie lecken sich die Lippen. Die Ohren sind flach nach unten angelegt und genauso sieht der kriechende Körper dazu aus.

Wölfe haben ca. 50 verschiedene Gesichtsausdrücke, die sie zeigen können, von Beruhigung bis Aggression. Je mehr die Hunderassen durch züchterische Bemühungen im Aussehen verändert wurden, um so geringer sind die Ausdrucksmöglichkeiten ihres Gesichts: bei langem Fell ist die Mimik kaum zu erkennen, Schlappohren sind nicht so beweglich wie die Stehohren des Wolfes, verkürzte Nasen können nicht deutlich sichtbar gerunzelt werden usw. Hunderassen, die Wölfen ähnlich sehen, haben die ausgeprägteste Mimik, wie z.B. der Alaskan Malamute mit 40 Gesichtsausdrücken.

Hunde kommunizieren in erster Linie über Körpersprache und Mimik. Lautäußerungen werden (häufig nur) begleitend oder verstärkend eingesetzt. Einzigartig ist, dass Hunde unsere Gefühle, Stimmungen und unsere Körpersprache verstehen können. Neueste Erkenntnisse zeigen, dass Hunde über Körpersprache besser und schneller lernen als über gesprochene Worte.

Ein alltägliches Kommunikationsproblem

Ausgerechnet an jenem Montagmorgen, an dem Frau Berger einen wichtigen Termin wahrnehmen muss, hat sie verschlafen. Es bleiben ihr nur fünf Minuten, um ihre Unterlagen zurechtzulegen und den Hund Mäxchen noch Gassi zu führen. Frau Berger ist nervös, aufgeregt und auch Mäxchen merkt das. Er kontrolliert die ganze Wohnung: Es ist kein Fremder da, es ist kein Feind da, es ist alles in Ordnung.
Nun versucht er sein Frauchen zu beruhigen, mit den Calming Signals. Er schleckt, er gähnt, er dreht sich weg. Jedoch Frauchen sieht das nicht, sie kennt nämlich diese Signale nicht. Mäxchen versucht nun verzweifelt, stärkere Signale zu geben. Auf dem Weg nach draußen zeigt er seine Seite. Frau Berger sieht aber nicht hin, sie merkt nur, er rennt ihr zwischen die Füße – und das ausgerechnet jetzt, wo die Zeit ohnehin schon drängt. Sie wird also noch aufgeregter und nervöser. Mäxchen geht es nicht besser und er kann so nicht Gassi machen, denn sein ganzer Organismus ist nun so eingestellt, als ob er auf der Flucht wäre. (Es gibt ja nichts Unpassenderes, wenn man auf der Flucht ist, als auf die Toilette zu müssen ...)
Mäxchen ist in einer unangenehmen Situation und versucht, sich selbst so weit zu beruhigen, dass er endlich Gassi gehen kann, denn er muss ja. Er fängt also an zu schlecken und am Boden zu schnüffeln, um sich zu beruhigen. Schnüffeln kann auch Aufnahme von Informationen sein, aber nicht in dieser Situation. Frau Berger sieht nur: Mäxchen will mich absichtlich ärgern, denn er schnüffelt seelenruhig weiter.
Mäxchen hätte sich nun endlich beruhigt und könnte Gassi machen, aber Frauchen ruft ihn zornig zurück. Mäxchen ist höflich und geht große weite Bögen. Je zorniger Frauchen

wird, desto größer macht er seine Bögen. Wenn er das Gefühl hat, dass Frauchen auf 190 oben ist, macht er die Bögen noch langsamer und größer und setzt sich in der Entfernung auch noch hin.

Calming Signals

Der Begriff „Calming Signals" wurde von Turid Rugaas geprägt, die darüber ein sehr gutes Buch geschrieben hat (siehe Literatur, Seite 171). Übersetzt wird der Begriff zumeist mit „Beschwichtigungssignale" (Beruhigungssignale).

Wollen wir mit unseren Hunden „sprechen" und auch verstanden werden, so sollten wir diese Signale kennen und genau beachten. Da Hunde keine Reden verstehen und schon gar keine Standpauken, sollten wir das respektieren und uns kurz fassen.

Beschwichtigungssignale des Hundes sind wegschauen, gähnen, Nase schlecken, Kopf wegdrehen, hinlegen, Seite zeigen, einen großen weiten Bogen gehen, schnüffeln am Boden. Sie können Ihren Hund mit den gleichen Signalen beruhigen, beschwichtigen. Gähnen Sie den Hund herzhaft und lange an. Sehen Sie weg, Kopf zur Seite und fahren Sie mit Ihrer Zunge über die Lippen. Bleiben Sie ruhig stehen. Dieses Verhalten beruhigt besonders ängstliche Hunde. Wenn der Hund sich schüttelt, gähnt, sich mit der Zunge über die Nase schleckt, baut er auch bei sich selbst Stress ab.

Wenn der Hund am Boden schnüffelt, während Sie mit ihm arbeiten, kann das für ihn eine selbstbelohnende Handlung oder ein Beruhigungssignal sein – das muss man im Zusammenhang sehen. Wenn Sie mit ihm arbeiten, leinen Sie ihn an und hindern Sie ihn daran. Belohnen sollten Sie ihn, wenn er seine Sache richtig macht.

Warnsignale

Hunde warnen uns durch starren, sich groß machen, Brustkorb aufblasen (mit dem Gewicht im vorderen Drittel), steif gestreckte Beine, Ohren aufrecht und nach vorne gestellt, brummen, hochziehen der Lefzen, Nackenhaare aufstellen.

Je weniger ich es nötig habe meine Waffen zu zeigen, desto sicherer bin ich. Je mehr ich es nötig habe zu sagen: „Schau ich habe Waffen", desto unsicherer bin ich. Das ist bei manchen Menschen nicht viel anders. „Schau was für ein tolles Auto ich habe." Laute Hunde dagegen tun nur so als ob und sind zumeist harmlos.

Ernst wird es, wenn der Hund leise wird. Auch wenn er seine Zähne zeigt. Wenn der Hund viele Zähne zeigt, ist er unsicher. Wenn er aber nur wenig der vorderen Zähne zeigt, ist er ganz sicher und bereit anzugreifen.

Bevor ein Hund zuschnappt, zeigt er uns, wie weit wir gehen dürfen. Wird die Warnung nicht ernst genommen, so meint er: „Ich habe gesagt: bis hierher und nicht weiter", und schnappt zu. In einer Auseinandersetzung kann es übrigens zu einer Beißhemmung kommen, wenn der „Unterlegene" laut wie ein Welpe quietscht.

Sicherheit, Unsicherheit

Markiert der Hund, so gibt er Informationen über Zustände, Alter, Geschlecht und Läufigkeit weiter. Markieren ist auch eine Rangdemonstration.

Ein sicherer Hund, z.B. ein Alpha-Tier, hat es einem anderen Hund gegenüber nicht nötig, seine Waffen (Zähne) zu zeigen. Das liegt daran, dass er rein in seiner Präsenz, seiner Körperhaltung schon überlegen genug für den anderen ist. Ein sicherer Hund ist auch nicht aggressiv. Jemand, der sich seiner Sache sicher ist, schlägt oder beißt nicht sinnlos um sich. Ein sicherer Hund steht mit dem ganzen Gewicht neutral. (In dem Moment, wo er nach vorne geht, breit wird, steif wird, die Front zeigt, droht er ja schon.)

Woran erkennt man am deutlichsten einen dominanten (beherrschenden) Hund – meist Rüden? Am erregten Dominanz-Scharren mit den Hinterläufen nach dem Markieren (Urinieren) seines vermeintlichen Reviers.

Den unsicheren Hund erkennen Sie daran, dass er mit dem ganzen Körper nach hinten tendiert. Die Rute ist eingezogen. Die Ohren legt er an. Vorsicht: ein unsicherer Hund kann aggressiv reagieren, wenn er sich zu sehr bedrängt fühlt.

Imponiersignale

Zwei Hunde begegnen sich auf freiem Gelände: Entdecken, hinrennen, plötzlich stoppen und ausloten, annähern. Herkunft ergründen und dann die T-Stellung probieren. T-Stellung heißt, dass sich die Hunde im Winkel von 90 % gegenüberstehen. Derjenige, der mit der Breitseite vor der Schnauze des anderen steht, ist der Überlegene. Diese kreisenden Bewegungen gehen wechselseitig vonstatten. Kommt keine ernst zu nehmende Warnung, wird versucht dem anderen beide Vorderpfoten von der Seite her so mal kurz auf den Rücken zu legen. Das ist dann das Signal zum ausgelassenen Spiel.

Für uns kann es schwierig sein, die Körpersprache von kleinen Hunden wie z.B. Yorkshire Terrier richtig zu deuten. Das Imponiergehabe wirkt bei ihnen ganz anders als z B. bei einem Schäferhund. Der Yorkie ist sehr klein und kann seine Ohren- und Schwanzstellung nicht deutlich erkennbar verändern, auch seine Nackenhaare kann er nicht aufstellen wie der Schäferhund. Der Yorkie sieht daher auch beim Imponieren aus wie ein niedlicher, kleiner, aufmerksamer Hund. In derselben Situation sieht der Schäferhund bedrohlich aus.

Auch bei Hunden, deren Ausdrucksmöglichkeiten eingeschränkt sind, wie z.B. beim Bobtail, dessen Gesicht unter dem überlangen Fell nicht zu erkennen ist, dessen Rute kupiert ist, ist eine Drohgebärde schwer zu erkennen. Die besten Signalgeber sind Hunde mit deutlichen Körpermerkmalen, wie beispielsweise Schäferhunde oder Schlittenhunde. Ihre Stehohren – eben dem Wolf ähnlich – und ihr Fell samt Rute lassen Veränderungen deutlich erkennen.

Das Kupieren der Rute ist eine körpersprachliche Behinderung. Die Hunde müssen ersatzweise mit dem ganzen Hinterteil wedeln. Lange Haare erschweren naturgemäß das Sträuben, Tiere mit überlangen Lefzen (zum Beispiel bei Doggen) können die Zähne nicht so gut entblößen. Dafür kann die Haut auf dem Nasenrücken gekräuselt werden. Beim Beurteilen muss man also auch diese rassetypischen Ausdrucksmöglichkeiten berücksichtigen.

Spielaufforderungen

Wenn der Hund mit der vorderen Körperhälfte knapp über dem Boden ist und die hintere Hälfte hochgehalten wird, wird oft irrtümlich angenommen, der Hund zeige ein aggressives Verhalten. Wenn er dann noch dazu knurrt und bellt, schrecken viele vor dieser freundlich gemeinten Spielaufforderung zurück.

Sie als König, als Ranghöherer, beginnen das Spiel und beenden es auch. Wenn Sie ein Spielzeug wieder haben wollen, laufen Sie dem Hund nicht nach. Besser wäre es, Sie tauschen das Spielzeug gegen ein Leckerli ein. Wird der junge Hund im Spiel zu ruppig oder beißt er fest zu, bricht man das Spiel sofort ab!

Die Tabelle zeigt Ihnen noch einmal zusammengefasst die wichtigsten Signale.

Körpersignal	**Bedeutung**
Rute	
hoch getragen	aufmerksam, freudig
zwischen den Hinterläufen eingeklemmt	unterwürfig, unsicher
abwärts getragen	sicher und gelassen
steif nach oben, zuckend	angriffsbereit
Lefzen	
Zähne nicht sichtbar	sicher und gelassen
Zähne sichtbar, Lefzen nach hinten gezogen	warnt, droht

Körpersignal	Bedeutung
Körperhaltung insgesamt	
locker, frei	sicher und gelassen
gedrückt	unsicher, ängstlich
kauernd, sprungbereit	angriffsbereit; aber auch spielbereit
anstarren	drohend
vermeidet Blickkontakt	Unterwerfung
ins „Leere“ schauen	vorgetäuschte Langeweile, in Wirklichkeit sehr aufmerksam
Nackenhaare	
anliegend	sicher und gelassen
aufgestellt, gesträubt	drohend, warnend, angriffsbereit
Kopfhaltung	
angehoben	sicher und gelassen
gesenkt	unsicher
leicht nach vorne	drohend
seitlich nach unten	Unterwerfung
Nasenrücken	
glatt	sicher und gelassen
gerunzelt	drohend
Körperkontakte	
sucht Schnauzenkontakt	Begrüßungsritual
Pfotenstupsen, Schnauzenstupsen	Nachfolge des Milchtritts, Aufforderung
bedrückt, Augen demütig	Trauer, Enttäuschung oder der Hund ist organisch krank

Tipps zur Hundepflege

Artgerechte Hundehaltung

Hunde sind Rudeltiere und daher nicht gewohnt, längere Zeit alleine zu sein. Hunde sind keine Einzelgänger, und daher auf Streicheleinheiten und Zuwendungen von ihrer Umwelt angewiesen. Die Erziehung ist notwendig, um ein harmonisches Leben zu ermöglichen. Hunde brauchen Aufgaben.

Durch Gehorsamkeitsübungen lernen die Hunde, wer der Rudelführer ist. Besonders dominanten Hunden kann man durch diese Übungen zeigen, wer der Chef ist.

Den Hund auf engstem Raum zu halten bzw. nur ein zehnminütiger Spaziergang pro Tag kann verheerende Folgen für die Psyche und den Körper des Tieres haben. Absoluter Leinenzwang macht Hunde auf die Dauer aggressiv!

Fellpflege

Ein gut gepflegter Hund kommt bei der Umwelt besser an. Er ist Ihr „Aushängeschild“ und dadurch ein erfreulicher Anblick.

Das regelmäßige Bürsten ist eine sehr gute Möglichkeit zur sozialen Kontaktaufnahme. Es ist zu empfehlen, die Pflege in ruhiger Atmosphäre zu beginnen. Vermeiden Sie Zeitdruck. Wenn Sie dann noch guter Laune sind, ist der richtige Zeitpunkt zum Bürsten. Auch bei kurzen Haaren sollte man zweimal wöchentlich bürsten, da das gleichzeitig eine durchblutungsfördernde Massage ist. Erst mit einem feinen Kamm, anschließend mit einer Bürste aus Naturborsten. Langhaarige Hunde werden jeden zweiten oder dritten Tag (rasseabhängig) mit einem Drahtkamm gebürstet. So werden lose Haare regelmäßig herausgekämmt und verteilen sich nicht in der ganzen Wohnung.

Täglich auf Verfilzungen und Verklebungen an Achseln, Ohren und Po achten!

Der Hund muss sich das Bürsten ohne Probleme gefallen lassen. Für sein stilles Verhalten motivieren Sie ihn immer wieder mit einem Leckerbissen. Als Ranghöherer haben Sie das Recht dazu und müssen sich bei dieser für den Hund nicht immer angenehmen Prozedur auch durchsetzen! Nachgiebigkeit würde er sehr schnell zu seinem Vorteil nutzen.

Nützliche Utensilien für die Hundepflege

Penochron ist ein selbstreinigendes Ohrenpflegemittel. Es wird ein- bis zweimal monatlich angewendet. Nur in Apotheken oder beim Tierarzt erhältlich. Nerzöl-Pumpspray sorgt für ein schönes und leicht frisierbares Haarkleid. Einen Entfilzungskamm braucht man bei extrem langen Haaren. Ein kleiner feiner Augenkamm, auch Floh- oder Staubkamm genannt, wird verwendet, um täglich die Augenwinkel freizukämmen und die Augenumgebung nicht verkleben zu lassen. Eine Bürste aus Draht verwendet man für langhaarige Rassen.

Baden

> Zwei Hunde ziehen einen Ertrunkenen aus dem Wasser. Sagt der eine zum anderen: „Seine Nase ist kalt und feucht, eigentlich ein gutes Zeichen."

In der Regel haben alle Hunderassen ein so genanntes doppeltes Haarkleid, das durch das Haarfett von Natur aus Schmutz abweisend ist. Das Haarkleid schützt vor Hitze, Kälte, Regen und zu starker Sonneneinstrahlung.

Viele Hundebesitzer stellen sich die Frage „Baden – ja oder nein?". Normalerweise genügt kämmen und bürsten, um den Hund sauber zu halten. Es reicht also aus, den Hund bei Notwendigkeit zwei- bis dreimal im Jahr zu baden. Bei zu häufigem Baden werden Sie es früher oder später mit Hautproblemen bei Ihrem Liebling zu tun bekommen, denn baden Sie ihn mit einem Shampoo, ist dieser Schutz weg. Mit klarem Wasser können Sie ihn täglich abwaschen. Durch oftmaliges Baden mit Shampoo setzen sich Staub und Schmutz viel schneller im Fell fest, da das natürliche Eigenfett fehlt. Bedenken Sie, diese Schutzschicht braucht bis zu sechs Wochen, bis sie wieder vollständig ausgebildet ist.

Baden Sie Ihren Hund nur 2 – 3 mal jährlich mit Shampoo. Mit Wasser können Sie ihn, wenn nötig, jeden Tag abwaschen.

Sollte er aber einmal eigenständig ein Bad im Komposthaufen machen, dürfen Sie ihn selbstverständlich baden. Das gleiche gilt, wenn die Haare verfilzt oder verklebt sind (hier drohen Ekzeme, Entzündungen etc.) oder er Ungeziefer und Schuppen hat. Beim Baden soll er Spaß haben, gehen Sie daher sanft mit ihm um und nehmen Sie sich Zeit. Während des Badens motivieren Sie ihn, indem er ab und zu von Ihnen einen Leckerbissen bekommt. Sprechen Sie viel mit ihm in beruhigenden Worten. Verpassen Sie ihm eine wohltuende Körpermassage.

Bei Hunden mit längeren Haaren sollte auch die Afterregion inspiziert und gereinigt werden. Ich empfehle, die Haare an diesen Stellen etwas auszuschneiden.

Zahnpflege

Zähne putzen

Bei Hunden bildet sich, wie bei Menschen, ein Belag zwischen Zähnen und Zahnfleisch. Auf diesem Zahnbelag lagern sich allmählich im Speichel enthaltene Mineralsalze ab und es entsteht eine harte und übelriechende Kruste, der so genannte Zahnstein. Fauliger Mundgeruch durch Zahnfleischentzündungen und Vereiterungen sind meist die Folge. Mit der Zeit wird der Zahnstein immer dicker, breitet sich aus und führt schließlich zum Zahnfleischschwund.

Wie schnell sich Zahnstein bildet, ist von Tier zu Tier verschieden, es hängt von individuellen Faktoren, der Ernährung und der Rasse ab. In jedem Fall ist es sinnvoll, die Zähne mindestens einmal wöchentlich zu putzen. Wenn man es richtig macht, bleiben die Zähne gesund, die Gefahr von Abszessen an den Wurzelspitzen und Zahnfleischentzündungen verringert sich, was den Maulgeruch bei älteren Tieren erträglich werden lässt.

Das Zähneputzen ist nicht ganz einfach und wird von den meisten Tieren auch nicht besonders geschätzt, vor allem, wenn es sich um unruhige und ungeduldige Tiere handelt. Ruhig, aber entschlossen handeln, um das Tier allmählich daran zu gewöhnen. Man beginnt, wenn das Tier etwa sechs bis sieben Monate alt ist und sämtliche Milchzähne durch das Dauergebiss ersetzt worden sind.

Es gibt zwei mögliche Vorgehensweisen: Eine spezielle Zahnbürste für Hunde oder eine Kinderzahnbürste mit weichen Nylonborsten in eine vom Tierarzt empfohlene Zahnreinigungslösung tauchen oder ein im Zoofachhandel erhältliches Zahnpflegemittel verwenden. Die Zähne werden mit kreisenden Bewegungen vorsichtig gebürstet. Am Übergang zwischen Zähnen und Zahnfleisch und an den Zähnen, die am schnellsten Zahnstein ansetzen, stärker aufdrücken. Wenn das Tier gar nicht mitspielt oder Form und Kleinheit des Maules Schwierigkeiten bereiten, werden die Zähne mit einem Gazestreifen geputzt, den man sich um den Zeigefinger wickelt.

Es ist ratsam, schon mit dem Welpen spielerisch das Zähneputzen zu üben, damit er sich die Prozedur später gefallen lässt. Zahnstein, der sich durch Zähneputzen nicht entfernen lässt, sollte frühzeitig und fachkundig vom Tierarzt entfernt werden.

Ein gute Vorbeugung gegen Zahnstein sind Kauknochen oder feste Hundekuchen, die der Vierbeiner regelmäßig bekommen sollte. Man kann sie als Belohnungshäppchen einsetzen. Allgemein beugt jede feste Nahrung, die gekaut werden muss, Zahnstein besser vor als weiches Futter.

Bei kleinen Hunden gibt es sehr häufig Probleme mit den Zähnen. Milchzähne fallen nicht immer von selbst aus und der

Tierarzt muss sie ziehen. Meist kann man bis zum 8. Monat warten. Wenn die Zähne jedoch fest sitzen, müssen sie raus. Bei älteren Hunden sollten lose Zähne ebenfalls vom Tierarzt gezogen werden.

Maulspülungen

Hunde wird man kaum dazu bringen können, dass sie sich freiwillig ihr Maul so ausspülen lassen, dass der gewünschte Zweck erreicht wird. Einfacher ist es, Lösungen direkt auf das Zahnfleisch aufzutragen: Mehrere Gazeschichten oder ein mehrfach gefaltetes Stück Gaze wie eine Kappe um die Spitze des Zeigefinders legen und mit dem Daumen dort fixieren. Den umwickelten Finger so lange in die Lösung tauchen, bis die Gaze sich mit der Lösung vollgesogen hat. Mit dem Zeigefinger sanft über das Zahnfleisch fahren, langsam von unten nach oben und von vorn nach hinten massieren.

Pfoten und Krallen

Schneiden Sie bei langhaarigen Rassen die Haare rund um die Pfoten kurz, damit sie nicht so sehr verschmutzen und Sie die Pfoten leichter auf Verletzungen usw. kontrollieren können. Wenn Ihr Hund viel auf Pflaster läuft, nutzen sich die Krallen automatisch ab und werden nicht zu lang. Achten Sie besonders auf die fünfte Kralle, in der Innenseite der Pfote; sie reicht nicht bis zum Boden und wird daher nicht abgenutzt und gehört ab und zu gekürzt.

Zu lange Krallen können Sie vom Tierarzt schneiden lassen. Oder Sie besorgen sich eine spezielle Krallenzange im Zoofachhandel. Ein Tipp: Lassen Sie sich das Krallenschneiden vom Tierarzt oder Ihrem Züchter zeigen.

Flöhe, Zecken & Co.

Am besten schützen Sie Ihr Haustier und die Umgebung vorbeugend mit einer Behandlung, noch bevor Zecke, Floh und Laus im

Frühjahr in die Hochsaison gehen. Hierfür haben sich auch diverse biologische Mittel bewährt.

Ist das Tier erst einmal befallen, bleibt in den meisten Fällen nur noch die chemische Keule. Vergessen Sie auch nicht, eine Flohpopulation setzt sich aus 5 % erwachsenen Flöhen, 45 % Flohlarven und 50 % Floheiern zusammen! Wenn also massiver Flohbefall eingetreten ist, muss hauptsächlich die Umgebung gereinigt werden, insbesondere Hundekörbe und -decken und das Auto. Denn die Flöhe selbst halten sich nur zeitweise am Hund auf; ihre Eier legen sie in der Umgebung ab und dort finden sich auch die Larven.

Die kleinen Plagegeister verursachen sehr viel Arbeit von den gesundheitlichen Folgen eines Flohbisses erst einmal abgesehen. Denn Flohallergien nehmen bei unseren Haustieren ständig zu. Hierbei verursacht der eiweißhaltige Flohspeichel allergischen Juckreiz. Durch das Kratzen oder Belecken entzündet sich die Haut. Es können nässende Ekzeme entstehen, die sehr schwer wieder abheilen. Das Tier fühlt sich äußerst unwohl und kratzt sich ständig. Deshalb ist es unbedingt notwendig, vorbeugend gegen dieses Ungeziefer vorzugehen. Flöhe sind äußerst resistent und überleben selbstverständlich in unseren gut geheizten Wohnungen.

Zecken werden so schnell wie möglich entfernt. Wichtig ist dabei, dass sie nicht gequetscht werden und der Kopf mit entfernt wird. So ist die Gefahr, dass die Zecke eine Infektion übertragen kann, am geringsten. Zeigen sich Rötungen oder Veränderungen an der Einstichstelle, sollte man auf jeden Fall den Tierarzt aufsuchen!

Insektenstiche und Spinnenbisse

Wenn der Hund gestochen wurde, kann man als erste Maßnahme die Stelle kühlen; es helfen auch lindernde Cremes oder Salben. Bei Stichen im Maul sofort den Tierarzt aufsuchen, da Ihr Hund durch das Anschwellen der Bissstelle ersticken könnte!

Pflege im Winter

Auch unsere Haustiere leiden unter der kalten Jahreszeit! Damit sie die Wintermonate gesund überstehen, sollten einige Grundregeln beachtet werden. Hundebesitzer sollten mit dem Tier bei jedem Wetter Gassi gehen und das Tier draußen in Bewegung halten. Trocken rubbeln nach der Rückkehr ins Warme sorgt dafür, dass es zu keiner Erkältung kommt. Gerade bei Hunden ist die Pfotenpflege wichtig. Der tägliche Spaziergang durch Eis und Schnee und damit eben auch durch Streusalz und Splitt kann zu Entzündungen führen. Scharfkantige Splittkörnchen verletzen die Ballen, Salz dringt dann schmerzhaft in die Wunden ein. Abhilfe schaffen spezielle Salben und Pfotenschutzsprays. Sie können vor dem Spaziergang eingerieben oder aufgesprüht werden und verhindern, dass die Pfoten rissig und spröde werden. Salzreste sowie Eisklumpen zwischen den Zehen und im Fell lassen sich mit lauwarmem Wasser und Kamille abwaschen.

Des Weiteren sollten Hundebesitzer verhindern, dass ihr vierbeiniger Liebling kaltes Wasser trinkt oder Schnee frisst. Beides kann zu Mandelentzündungen, Erbrechen und Durchfall führen.

Sicherheit im Haus

Der „Herzfehler", der aus der Steckdose kam

Susi, Sissi, Sindy, Cinderella und der Hahn im Korb, Siskus. Fünf Yorkies, die, wie ich glaubte, wohlbehütet in einem Kinderzimmer aufwuchsen. Wenn es das Wetter erlaubte, tobten und streunten sie quer durch den Garten. Mit ihren acht Wochen hatten sie so allerhand Unfug im Kopf.
Eines schönen Morgens war Siskus total verändert. Alle Symptome deuteten für mich darauf hin, dass er etwas verschluckt hatte. Am Vortag erlaubte die Wetterlage keinen Ausflug ins Freie, also war es ausgeschlossen, dass er da etwas erwischt

haben könnte. In der Kinderstube gab es keinerlei Dinge, die ein Hund hätte verschlucken können. Das Rätsel war groß und nicht zu lösen. So packten wir Siskus in eine Transport-Box und fuhren ihn zum Tierarzt.

Siskus war der Anführer der kleinen Rasselbande und am Abend zuvor noch quicklebendig. Der Tierarzt stellte alle möglichen Fragen und stellte letztendlich eine unerklärliche Kreislaufschwäche fest. Weiter vermutete er, dass etwas mit seinem Herz nicht in Ordnung sei. Röntgenaufnahmen zeigten keinerlei Hinweise, dass er etwas verschluckt hätte. Der Tierarzt erklärte, dass es schlecht um Siskus stehe und sie versuchten alles, um ihn noch zu retten. Doch das Herz spielte nicht mehr mit, er vermutete eine Infektion oder einen angeborenen Herzfehler.

Noch am Abend starb Siskus. Ich konnte es gar nicht glauben, mehr als über fünfundzwanzig Jahre hatten wir noch nie so einen Fall. Tage danach beschäftigte mich sein Tod noch immer. So untersuchte ich den Raum abermals und noch gründlicher als zuvor. Da plötzlich entdeckte ich hinter einem Schrank eine herausgerissene Steckdose und ein blank gebissenes Kabel. Wie ein Blitz schoss es mir durch den Kopf: Das muss die Ursache für Siskus' Tod gewesen sein. Der Tierarzt bestätigte meine Vermutung. Also war es ein Unfall!

Tipps bei Elektroschock

Welpen sind besonders gefährdet, weil sie alles anknabbern, was sie erreichen können. Daher auf Steckdosen, Verteilerstecker, Computer, Stereoanlagen, Fernseher, Radiowecker, Bügeleisen und sonstige Elektrogeräte achten. Und wenn doch ein Unglück passiert ist? Strom abschalten. Puls und Atmung kontrollieren, gegebenenfalls Erste-Hilfe-Maßnahmen durchführen (Atemspende, Herzmassage), bis der Tierarzt eintrifft.

Wenn Sie befürchten, dass Ihr Hund einen Elektroschock erlitten haben könnte, sollten Sie auf jeden Fall einen Tierarzt aufsuchen, denn es könnten akut Brandwunden, später Herzrhythmusstörungen usw. auftreten.

Temperatur messen

Die normale Körpertemperatur beträgt bei kleinwüchsigen Hunden 38,5 bis 39,0 °C, bei den großwüchsigen ist sie etwas niedriger (generell auch bei älteren Hunden): 37,5 bis 38,5 °C. Sie kann auch etwas höher oder tiefer liegen, was von individuellen Merkmalen und möglicher Aufregung abhängt. Tiere werden rektal (im After) gemessen, denn andere Messungen sind gefährlich (im Maul) oder ungenau (in der Achselhöhle). Geeignet ist ein normales Fieberthermometer, wie es auch für Menschen verwendet wird. Die mit Vaseline eingefettete Spitze wird vorsichtig etwa 2 cm tief in den After geschoben. Nach etwa einer Minute kann die Temperatur abgelesen werden.

Temperaturen zwischen 38,5 °C und 39 °C sind normal. Über 39 °C bedeutet Fieber, 40 °C bis 42 °C hohes Fieber. Eine Temperatur unter 38 °C bedeutet Unterkühlung, was bei Schock, zu langem Aufenthalt im Freien bei Minusgraden und bei Hündinnen auch einige Stunden vor dem Werfen auftreten kann. Bei Welpen liegt die Körpertemperatur in der Regel 0,5 °C höher als bei ausgewachsenen Tieren.

Tipps zur Ernährung und Bewegung

Tagtäglich hören wir, wie wichtig Ernährung und Bewegung für Menschen ist. Mit der Hundeernährung ist es nicht anders. Jeder preist sein Futter als das Beste an. Dennoch darf die Frage erlaubt sein, warum meine Hunde so alt werden. Immerhin leben bei mir über 100 Hunde, von denen ein Drittel zwischen 14 und 17 Jahre alt ist. Haben wir in Pichl bei Wels eine besonders gute Luft oder was ist sonst der Grund? Die Erklärung ist relativ einfach: Es kann nur die richtige Ernährung mit der entsprechenden Bewegung sein.

> ***Wer Müll in sich hineinstopft,***
> ***der wird auch nur „Müll" produzieren!***
>
> *Jürgen Höller*

Richtige Ernährung gibt Energie, stärkt das Immunsystem und beugt Krankheiten vor. Wer lebt, atmet, geht, läuft, springt, bellt und wedelt, braucht Energie. Richtige Ernährung ist mehr als der halbe Erfolg. Ein altes englisches Sprichwort besagt: „Wenn das Gebet eines Hundes erhört werden würde, müssten Knochen vom Himmel fallen."

Über den Inhalt des Napfes entscheidet der Mensch. Der Hund kann nicht wie wir Menschen den Kühlschrank plündern. Auch sei vor dem berühmten „Dackelblick" gewarnt. Wenn Sie nur einmal schwach werden, haben Sie verspielt. Ihre Schwäche wird der Hund hemmungslos ausnutzen. Ständig wird er heulen oder bellen, bis Sie nicht mehr anders können.

Besonders Süßigkeiten haben verheerende Folgen. (Schokolade ist sogar giftig für den Hund!) Nicht nur, dass die Hunde dick und faul werden, sie verlieren auch die Lust an der Bewegung und am Spielen. Es ist auch nachgewiesen, dass solche Hunde krankheitsanfälliger sind.

So kann es zu Herzverfettung, Kreislaufproblemen, Ekzemen, Krebs, Gelenksproblemen kommen – ganz zu schweigen von den Schmerzen, die diese Veränderungen bereiten. Arthrose und Probleme mit den Bändern sind keine Seltenheit. Diabetes mellitus macht nicht nur dem Hund das Leben schwer, Ihnen auch. Übrigens, Durchfall ist ebenfalls eine weit verbreitete Folge falscher Ernährung.

Es gibt also genug Gründe, gleich heute mit der richtigen Ernährung oder mit einer Diät zu beginnen. Nutzen Sie die Gelegenheit, auch selbst ein paar Gramm abzunehmen, wenn Ihr Hund schon dabei ist.

Krankheiten schmerzen nicht nur Ihren Hund, sondern sie belasten auch Sie, wenn es darum geht, hohe Tierarztrechnungen zu bezahlen. Aus Schaden wird man klug, trotz alledem gibt es viel zu viele Menschen, die das Ernährungsschema ihres Hundes nicht ändern wollen. Jürgen Höller nennt das: „Im Hamsterrad rennen." Sie haben es immer schon so gemacht und früher hatte man sich auch nicht viel um die Ernährung gekümmert.

Viele Verhaltensprobleme, sowohl emotionaler Natur als auch körperliche Schäden, entstehen durch falsche Ernährung, ja sogar vom falschem Trockenfutter. Das Problem ist, dass wenige diesen Zusammenhang sehen, dass eigentlich eine falsche Annahme getroffen wurde: „Denn zahlen tue ich erst später."

Wenn Sie es bei Ihrem Hund besonders gut machen wollen, dann hier zwei wunderbare Rezepte. Das erste bekommen ausgewachsene Hunde mehrmals in der Woche. Das zweite ist besonders geeignet für Hunde, die gesundheitliche Probleme haben, wie etwa Allergien, Haarprobleme, aber auch für die Gesunderhaltung des Bewegungsapparates ist es zu empfehlen. Dazu gibt es wiederum ein Buch von einer Tierärztin, Dr. Vera Biber: „Hilfe, mein Hund ist unerziehbar!" (siehe im Serviceteil, Seite 171) mit einem guten Kapitel über Ernährung.

1. Ernährungsvorschlag 1/4 Kutteln (Magen) und Fleisch zu gleichen Anteilen, 1/4 Weizenkleie, 1/4 Hundeflocken, 1/4 Gemüse

2. Ernährungsvorschlag 1/6 Fleisch, 1/6 Gemüse, 2/3 Hirse (Achtung, Hirse enthält viel Phosphor) oder Naturreis, 1 Messerspitze Algen, 1 Kaffeelöffel bis 2 Esslöffel (je nach Hundegröße) Udusöl, 1 Messerspitze bis 1 Esslöffel (je nach Gewicht) Uduschoice (Verdauungsenzyme)

Da es zu Durchfällen kommen kann, bis sich der Körper des Hundes auf ein neues Futter umgestellt hat, wechselt man nicht abrupt, sondern gibt schrittweise immer größere Anteile des neuen Futters unter das gewohnte. Unterstützend können Sie Verdauungsenzyme zuführen.

Ist der Hund in der Wachstumsphase, geben Sie ihm zusätzlich Silizium D 6 (dreimal täglich eine Tablette). All diese Zutaten machen ein besonders schönes Haarkleid, eine schöne Haut und beugen Gelenkproblemen vor.

Je mehr Sie sich an „richtige“ Hundenahrung halten, desto länger haben Sie Freude am gesunden Hund (hohes Alter).

! ***Achtung: Geben Sie Ihrem Hund keine Knochen, denn Splitter können in Magen und Darm schlimme Verletzungen verursachen (dies gilt nicht nur für Geflügelknochen); außerdem führen Knochen zu hochgradiger Verstopfung.***

Wie oft füttern?

Grundsätzlich ist es besser, Hunde zweimal täglich zu füttern. Bei großen Hunderassen ist es alleine schon wegen einer möglichen Magendrehung vorteilhafter, den Magen nicht mit einer großen Portion zu belasten. Abgesehen davon ist es verträglicher und das Futter wird besser verdaut.

Wenn der Hund zu dick ist

Da der Hund vom Wolf abstammt, wird er immer hungrig sein und in Zeiten des Überflusses wird er für Notzeiten speichern, um sich einen Speck anzufressen. Da es bei uns nur gute Zeiten gibt, ist dieses Verhalten für manche Hunde problematisch. Irgendwann sind sie so gut gepolstert, dass das Herz nicht mehr schlägt.

Wenn Sie beim Streicheln Ihres Hundes noch leicht die Rippen fühlen können, haben Sie wahrscheinlich einen Hund mit einem idealen Gewicht. Wenn aber Ihr Hund auf dem Weg ist, die Form eines Wales auf vier Pfoten anzunehmen, wird es Zeit für eine Diät und mehr Bewegung. Von jenen schrecklichen Hundehaltern, die ihre Lieblinge mit einem Mastschwein verwechseln und ihnen sämtliche Essensreste füttern, wollen wir gar nicht reden.

! ***„An seinem frühen Grab erschüttert, stehn jene, die ihn überfüttert …"***

Es gibt viele trauernde Hundebesitzer, die es mit ihrem Liebling nur gut meinten. Die Verfettung beeinträchtigt beim Hund, ebenso wie beim Menschen, die Gesundheit, das Wohlbefinden und die Lebenserwartung. Was früher die Ausnahme war, ist heute fast zur Regel geworden. Es gibt ebenso viele dicke Hunde wie Menschen. Die Tendenz ist steigend. Rapide steigt die Anzahl übergewichtiger Hunde besonders ab dem zweiten Lebensjahr an.

Einige besonders anfällige Rassen sind Labrador, Golden Retriever, Cairn Terrier, Cocker Spaniel, Langhaardackel, Beagle, Sheltie, Westie. Weniger anfällig scheinen z.B. Schäferhunde, Yorkshire Terrier, Malteser, Dobermann, Whippet, Greyhound zu sein.

Kot fressen

Neigt Ihr Hund zum „Kot fressen“, geben Sie ihm ein kleines Stück getrocknete Kutteln oder ein kleines Stückchen Germ (Hefe). Mit der Nydhartinger Moortränke (Bezugsquelle im Serviceteil, Seite 174) haben sich viele dieser Probleme lösen lassen. Helfen diese Vorbeugungsmaßnahmen nichts, präparieren Sie den Kot mit etwas Pfeffer oder Chili und lassen Sie ihn das fressen. Den meisten Hunden vergeht dann das Verlangen nach Kot.

Die Ursache für dieses Verhalten ist nach wie vor unklar. Die Hunde stammen vom Wolf ab, der Urinstinkt steckt daher in einem Teil der Hunde. Zusätzlich ist es bei Ihnen und im Wohnbereich sehr sauber, Hundefutter riecht auch sehr hygienisch. So fangen manche Hunde an, sich im Aas zu wälzen oder sie nehmen Kot auf. Manche Tierärzte sind der Meinung, dass sie sich mit diesen Gerüchen einparfümieren. Manchmal kann die Ursache auch ein Mangel in der Ernährung sein. Klären Sie die Situation unbedingt mit Ihrem Tierarzt ab.

Verdauungsstörungen

Anhaltspunkte für eine Erkrankung des Verdauungsapparates sind Schmerzen im Bauchbereich, Erbrechen, Durchfall, Appetitlosigkeit, Verstopfung, Koliken, Blähungen, stark verfärbter und übelriechender Kot, blutiger Kot. Die Ursachen einer solchen Erkrankung können vielseitig sein. Sowohl Fehlernährung, Bewegungsmangel, Vergiftungen, Haltungsfehler, Infektionskrankheiten oder Darmparasiten kommen infrage. Bei den Vergiftungen sind meist Pflanzenschutzmittel, Rattengift oder Desinfektionsmittel der Grund. Lassen Sie auf jeden Fall vom Tierarzt eine genaue Diagnose erstellen.

Durchfall

Durchfall kann viele Ursachen haben. Am häufigsten sind es Ernährungsfehler. Futter nie den ganzen Tag stehen lassen. Zweimal täglich füttern. Futter nur für fünf Minuten stehen lassen, dann sofort wegstellen.

Zwischendurch gibt es nur etwas ganz gezielt als Belohnung, und zwar in erbsengroßen Stückchen. Schweineohren oder Kutteln, die zur freien Verfügung rumliegen, können ebenfalls zu Durchfall führen.

Wichtig ist es auch, dass Hunde mindestens dreimal im Jahr entwurmt werden. Denn abgesehen von der Ansteckungsgefahr können Parasiten wie Band, Spul- oder Peitschenwürmer, die bei allen Haustieren häufig angetroffen werden, Durchfall verursachen.

Darminfektionen, aber auch fehlende Impfungen, können Durchfälle auslösen. Geben Sie Ihrem Hund außer dem Trockenfutterbröckchen keine „Naschereien" wie Schokolade, für Hunde sind diese giftig! Außerdem keine scharf gewürzten oder salzigen Essensreste, keine Süßigkeiten, letztendlich werden Hunde dadurch krank.

Ernährung in den ersten Tagen

Beim Züchter ist der Appetit der Welpen meist sehr groß. Sie fressen mit ihren Geschwistern gemeinsam aus einer Schüssel, dadurch entsteht Futterneid: Sie fressen mehr, weil Sie Angst haben, zu kurz zu kommen. Machen Sie sich daher keine Sorgen, wenn der Welpe bei Ihnen zunächst nicht so recht frisst. Nun ist keiner mehr da, der ihm etwas wegfressen könnte. Das Futter ist dadurch nicht mehr so interessant. Daher fressen Welpen anfangs etwas lustloser, außerdem kommt die Umstellung dazu: Immerhin ist er von seiner Familie weg und in einer neuen Umgebung. Auch kann es durch die Umstellung zu Durchfall kommen, weil der Verdauungstrakt noch nicht an das neue Futter gewöhnt ist.

Bei Durchfall hilft Kamillen- oder Schwarztee mit 2 bis 3% Traubenzucker, der anstelle von Trinkwasser angeboten wird. Wenn der Durchfall anhält, sollte man mit dem Welpen unbedingt zum Tierarzt gehen.

Ein guter Züchter gibt für die erste Zeit das gewohnte Futter mit. Falls nicht, erkundigen Sie sich bei ihm, was der Welpe bekommen hat. Bleiben Sie zunächst drei Tage beim gewohnten Futter und führen Sie eine neue Futtersorte langsam und schrittweise ein.

Ist der Welpe entwurmt worden? Hat er einen guten und ausreichenden Impfschutz? Ist er aus fragwürdigen Händen, rate ich sofort einen Tierarzt aufzusuchen.

Mit ca. neun Wochen wird der Welpe drei- bis viermal täglich gefüttert. Das Futter höchstens fünf Minuten stehen lassen. Die Fütterung sollte immer zur selben Zeit erfolgen. Wird nicht alles aufgefressen, so kürzt man die nächste Mahlzeit um die übrig gelassene Menge. Der Fressnapf soll an einer ruhigen Stelle im Wohnbereich stehen. Wenn der Hund bei drei täglichen Mahlzeiten immer etwas übrig lässt, ist der richtige Zeitpunkt gekommen, um auf zwei Fütterungen umzustellen.

Bewegung für den Hund

Wer richtig isst und sich bewegt, bleibt gesund. Wer falsch isst, wird krank. Diese Binsenweisheit gilt in der ganzen Natur, sowohl für den Menschen als auch für den Hund. Statistisch nachgewiesen ist, dass sich Hundebesitzer im Durchschnitt 30 % mehr bewegen als ihre hundelosen Mitmenschen.

Bei der täglichen Bewegung des Hundes geht es also nicht nur darum, dass er seine Notdurft verrichten kann.

Übrigens kommt es aufgrund mangelnder Bewegung immer öfter zu Herzerkrankungen.

Bei großen, schweren Rassen ist bis zum 15. Monat darauf zu achten, dass der Hund nicht zu viele Treppen steigt und auch wenig springt, da in dieser Zeit seine Gelenke noch nicht so sehr belastet werden dürfen. Treppensteigen in Maßen, so hin und wieder einmal ein paar Stufen, schadet nicht, damit er das auch kennt und lernt. Auch ist zu beachten, dass die Hunde nicht zu reichhaltig, aber dafür hochwertig gefüttert werden, da sie sonst zu schnell wachsen und die Gefahr der HD (Hüftgelenksdysplasie) besteht. Wollen Sie HD vorbeugen, so ist das oben beschriebene Ernährungskonzept (siehe Seite 155) besonders geeignet.

Bei der Bewegung geht es auch darum, durch Umweltreize die Sinne des Hundes fit zu halten und Aggressionen abzubauen, wobei davon auch sein Besitzer profitiert. Ein Hund, der nie ins Freie kommt, wird unweigerlich Verhaltensstörungen und Ängste bekommen. Durch freies Herumtollen kann er neue Eindrücke und Reize gewinnen und sein Gehirn kann die neuen Informationen verarbeiten.

Freies Laufen ist leider nicht immer möglich. In der Stadt lässt man den Hund nicht ohne Leine laufen. Autos oder Passanten könnten ihn erschrecken oder eine läufige Hündin könnte ihn auf die Fahrbahn locken. Abgesehen davon, dass Ihr Hund dabei tödlich verletzt werden könnte, sind Sie für derart entstandene Schäden haftbar. (Eine Hundehalter-Haftpflichtversicherung ist daher ein Muss für jeden Hundehalter!) Neigt Ihr Hund zum Wildern, muss er ebenfalls an der Leine bleiben. Sooft Sie Gelegenheit haben und keine Gefahr durch Autos besteht, sollten Sie Ihren Hund aber von der Leine lassen. Während für uns Menschen die Wahrnehmung in erster Linie über die Augen und Ohren abläuft, sind für den Hund Gerüche die Haupt-Informationsquelle. Ein wahres „Schnuppervergnügen".

Wenn Hunde ständig mit Beißkorb und an der Leine geführt werden müssen, werden sie wirklich aggressiv. Die verschärften Tierhaltegesetze sind eine Gefahr für manche Hunde. Hunde wollen sich bewegen, wollen die Welt erschnüffeln. Kein Hund kommt verhaltensgestört zur Welt, der Verantwortliche ist am anderen Ende der Leine – der Mensch! „Man stellt Hunde als Bestien hin, schiebt alles Übel auf die Vierbeiner und bereitet den Weg zur hundelosen Gesellschaft! Statt Mikrochips, Leine und Beißkorb sollte der Hundeführerschein forciert werden!"

Dr. Dorit Feddersen-Petersen: „Stets angeleinte Hunde sind insgesamt angespannter und unausgeglichener. Sie fordern so auch weit häufiger Rangauseinandersetzungen heraus als frei laufende Artgenossen. Einige sind aggressiv, andere extrem unsicher, wodurch wiederum Gefahrenmomente (Angstbeißer) entstehen können."

Ins Auto springen

Für sehr große Hunde, aber auch alte Hunde, hat es sich bewährt, dem Hund eine Aufstiegsrampe für den Kombi zu basteln. Das sind zwei aufklappbare Holzbretter mit einem Mittelscharnier. Damit der Hund nicht abrutscht, gehören Querrillen montiert (wie bei Agility-Hindernissen) oder man klebt einen rutschsicheren Belag auf das Holz. Wenn Sie es besonders gut machen wollen, können Sie auch noch aufklappbare Seitenwände machen. Ansonsten geht es auch ohne, wenn man darauf achtet, dass der Hund nicht seitlich abrutscht. Es ist leicht zu bauen, man kann eine solche Rampe aber auch kaufen oder vom Tischler anfertigen lassen.

Mit dem Hund im Urlaub

Hunde im Hotel

„Ich bin seit mehr als 30 Jahren Hotelbesitzer. Während dieser Zeit habe ich in meinem Hotel niemals einen Hund erlebt, der die Betten verbrannte, weil er im Bett geraucht hat, noch hat bis jetzt jemals ein Hund Aschenbecher oder Messer als Andenken mitgenommen. Mir ist auch nichts darüber bekannt geworden, dass ein Hund etwa mit den Gesichtshandtüchern seine Schuhe geputzt oder versucht hat, das Zimmermädchen zu küssen. Ich habe niemals von einem Hund eine Beschwerde über die Bedienung oder das Essen erhalten. Kurz: Ich habe überhaupt gar nichts gegen Hunde. Wenn sich Ihr Hund auch für Sie verbürgt, sehr geehrter Herr, dann heiße ich Sie herzlich willkommen."

Sommer, Sonne, Strand und Meer. Die Urlaubsträume der Menschen stimmen oft nicht mit den Wünschen ihrer vierbeinigen Lieblinge überein. Wer trotzdem seinen Hund mitnehmen möchte, sollte ein paar Grundregeln beachten, z.B. die richtige Zusammenstellung der Reiseapotheke, die Wahl des Urlaubsortes sowie der optimale Transport dorthin.

Pkw, Flugzeug oder Bahn? Für Hunde ist Reisen grundsätzlich aufregend! Bei Kurztrips oder Städtereisen empfiehlt es sich daher, den vierbeinigen Liebling lieber in einer Tierpension oder bei Bekannten unterzubringen. Wenn der Hund die Wahl hätte, so wäre er allerdings am liebsten bei uns und nähme dafür gerne Strapazen in Kauf!

Wenn Frauchen und Herrchen längere Zeit Urlaub machen wollen, ist eine Autofahrt am bequemsten. Allerdings gilt es hier, einige Grundregeln zu beachten.

Soll es ins Ausland gehen, so hat jedes Land seine eigenen Reisebestimmungen. Auskünfte hierüber erhalten Sie beim ADAC oder beim Veterinäramt. Zu Ihrem Hund gehört der Impfpass und am Halsband ein kleiner Adressenanhänger mit Ihrer Heimat- und Urlaubsanschrift.

! ***Hunde im Auto niemals auf der Hutablage oder dem Vordersitz mitnehmen, denn bei einem Unfall wird der Hund zum Elefanten! Am sichersten ist eine Transport-Box, die im Fond befestigt wird. Sicherheitsgurt, Schutzdecke, Laderaumgitter oder Transport-Box geben allen Beteiligten die nötige Sicherheit.***

Wichtig ist der richtige Umgang mit dem Hund bei Autoreisen. Mit einem vollen Bauch reist man schlecht, besonders bei Langstrecken. Das gilt selbstverständlich auch für den Hund. Daher vor der Fahrt das Tier nicht füttern! Alle zwei Stunden sollte eine Pause eingelegt werden, um dem Hund, aber auch Ihnen einen Auslauf zu gönnen. Der Hund bleibt dabei immer an der Leine; außerdem bieten wir ihm Wasser an. Ratsam ist ein Kanister mit zehn Litern Wasser, der generell im Auto stehen sollte. Sie könnten bei unerträglicher Hitze in einen Stau geraten! Im Notfall, etwa bei einem Hitzeschlag, können Sie Ihrem Hund mit Wasser Kühlung verschaffen.

Gute Luft im Auto tut immer gut, aber Zugluft durchs offene Fenster kann zu einer Bindehautentzündung führen.

Bei Flügen mit einer Dauer von über fünf Stunden wird es schwieriger. Hunger plagt den Hund nicht, aber eine volle Blase schon. Regel Nr. 1 auch hier: den Hund vorher nicht füttern. Zugfahrten sollten nicht länger als sechs Stunden dauern. Danach eine Zwischenstation aufsuchen, um dem Hund den nötigen Auslauf und die Möglichkeit zu geben, sich zu lösen. Vor Antritt jeder Reise empfehle ich einen ausgedehnten Spaziergang!

Urlaub, vor allem in südlichen Ländern, birgt das Risiko von Infektionen, aber auch von Hautparasiten.

Glücklicherweise gibt es eine Reihe von Präparaten und Medikamenten, wie Zeckenhalsbänder oder Pumpsprays mit Langzeitwirkung, die – richtig angewendet – Zecken oder andere Parasiten relativ sicher abwehren.

Wichtig zu wissen ist, dass die Zeckenpopulation im Frühsommer ihren Höhepunkt erreicht, und dass sich diese Parasiten hauptsächlich auf hohen Gräsern und Sträuchern aufhalten. Wälder, Waldränder und Buschzonen sind daher um diese Jahreszeit tunlichst zu meiden.

Zecken sind nicht nur lästige Blutsauger, sie können auch eine Reihe gefährlicher Krankheiten übertragen. Dies gilt auch für andere Insekten wie Sandmücken. Bei Rötungen oder Veränderungen an einer Zeckenbissstelle oder anderen Symptomen (Mattigkeit, Schwäche, Fieber, rotbrauner Harn, gelbliche Schleimhäute, grippeähnliche Symptome, Bewegungsstörungen, Krämpfe, Lähmungen usw.) sofort einen Tierarzt aufsuchen!

Nach einem Auslandsaufenthalt in Ländern, wo diese Infektionen auftreten können (Italien, Spanien, Türkei und weiter südlich), empfiehlt es sich, den Hund zu Hause dem Tierarzt vorzustellen. Er erkennt Frühsymptome dieser Erkrankungen und kann eventuell mit gezielten Blutuntersuchungen den Erregernachweis führen.

Hundefreundliche Reiseländer sind Österreich, Deutschland, Frankreich und Tschechien. Weniger gern gesehen sind die Vierbeiner in Ungarn. Hier wird ihnen in Lokalen und Geschäften oft der Zutritt verwehrt. Ebenso in Griechenland.

Vorsicht ist geboten beim Kauf von Welpen auf ungarischen, polnischen oder tschechischen Märkten. Die Verkäufer setzen oft auf die Mitleidsmasche. Wenn ein Welpe verkauft ist, wird der nächste produziert. Der Urlauber unterstützt in dieser Hinsicht die Massenzüchtung. Der günstige Preis ist nur ein scheinbarer Vorteil. Die Gefahr der Krankheiten, die hohen Tierarztrechnungen, der schlecht sozialisierte Welpe und der Ärger stehen in keinem Verhältnis zum ersparten Geld!

Das Urlaubsgepäck für den Hund

- Leine und Halsband mit Adressanhänger
- Decke und Handtücher
- Futter- und Wasserschüssel, Wasserflasche
- gewohntes Futter und Leckerlis
- Lieblingsspielzeug
- Impfpass
- Reiseapotheke mit Fieberthermometer, Verbandszeug, Desinfektionsmittel, Wundsalbe, Zeckenzange, Ungezieferspray, Durchfallmittel, Elektrolyten und Traubenzucker, Erste-Hilfe-Büchlein

Schlusswort

Edith Anna Kirchberger & Jürgen Höller haben Ihnen ein großes „Hunde-Buffet" angeboten. Es liegt nun bei Ihnen, was Sie sich davon nehmen. Sie entscheiden nach dem Durchlesen dieses Motivationsbuches, welche Vorschläge Sie wann verwirklichen wollen.

Edith Anna Kirchberger & Jürgen Höller verfolgen ein gemeinsames Ziel: Möglichst vielen Menschen zu helfen und ihnen möglichst viel Nutzen zu bringen.

Über die Autoren

Edith Anna Kirchberger

Edith Anna Kirchberger beschäftigt sich seit über 25 Jahren tagtäglich mit der Hundewelt. Sie besuchte sämtliche Seminare von Jürgen Höller und absolvierte ein Studium IBW als Tierheilpraktikerin und Tiertherapeutin. Sie besuchte nicht nur Seminare bei einem der bekanntesten Verhaltenstherapeuten, Univ.-Prof. Dr. Hermann Bubna-Littitz, sondern auch NLP zum besseren Verständnis der Verhaltensweisen zwischen Mensch und Hund, sowie Seminare bei Katharina Aberle, Wien. Unzählige Bücher und Kassetten waren zur Weiterbildung unerlässlich.

Edith Anna Kirchberger leitet unter anderem ein Hundeasyl, welches mit einer Hundezucht finanziert wird. Weit über 3.000 Hunde, die von ihren Besitzern ausgesetzt oder nicht mehr gewollt wurden, konnte sie kostenlos vermitteln.

Darüber hinaus hat die Hundeexpertin in ihren pädagogischen Seminaren über 10.000 Teilnehmern den richtigen Umgang mit ihren vierbeinigen Lieblingen gelehrt. Aber auch das österreichische Bildungszentrum WIFI nimmt ihre Seminare in Anspruch. Wenn Kinder Angst vor Hunden haben, ist die Expertin der richtige Ansprechpartner. Für ihre laufenden Therapietage holte sie sich zur Unterstützung niemand geringeren als Primar Dr. Werner Gerstl vom Linzer Kinderkrankenhaus.

Im Jahr 2001 hat Edith Anna Kirchberger den Verein „pro Hund" gegründet, dessen Präsidentin und Pressesprecherin sie ist. Sie gibt zweimal jährlich Ihre neue Hundezeitung „pro Hund" heraus. „pro Hund" ist ein junges Magazin und freut sich natürlich über jede Mitgliedschaft (nur € 15,– jährlich), eine Mitarbeit oder eine Weiterempfehlung im Bekanntenkreis.

Besondere Highlights des Vereins „pro Hund" waren zwei Benefizveranstaltungen, durch die dem kleinen, spastisch gelähmten Patrick Eder ein Flug in die USA zur Delphin-Therapie ermöglicht wurde.

In den letzten Jahren ging Frau Kirchberger laufend durch Presse, Rundfunk und Fernsehen und ist dort ein immer gern gesehener Gast. Sie verstand und versteht es mit außergewöhnlichen Aktionen und Themen, menschlich und in den Medien zu punkten. Dazu kamen wöchentlich Altenheimbesuche, aber auch Besuche mit ihren Hunden und ihrem Team in Schulen.

Kooperationen mit der Österreichischen Rettungshundebrigade ÖRHB oder Michael Aufhauser, dem „Tierdiplomaten" aus Salzburg, zählen zu ihrem Alltag. Außerdem besuchte Sie nebenbei die Journalisten Akademie und ist auch als freischaffende Journalistin tätig.

Sie lebt ganz nach dem Motto: „Wer aufhört, besser zu werden, hat aufgehört, gut zu sein."

In eigener Sache

Hatten Sie einmal ein besonderes Erlebnis mit einem oder Ihrem Hund? Die Zeitung „pro Hund" ist immer auf der Suche nach guten Geschichten. Dann schreiben Sie bitte an Edith Anna Kirchberger. Den Text am besten per E-Mail schicken, und schon sind Sie in der nächsten Ausgabe von „pro Hund" dabei!

„Sitz" und „Platz" sind nicht die einzigen Kommandos, die Hundebesitzer kennen müssen. Der Hundeführerschein in Österreich sieht eine breite Palette an Informationen vor. Hundeexpertin Edith Kirchberger gibt ihr Wissen rund um die Vierbeiner an zukünftige Sachkunde-TrainerInnen in WIFI-Seminaren am Wirtschaftsförderungsinstitut Linz weiter. Laufende Kurse für Hunde-Neulinge finden in Pichl bei Wels statt. „Je motivierter die TrainerInnen sind, desto höher ist der Lernerfolg bei den zukünftigen Hundehaltern“, erklärt Kirchberger. Ernährungs- und Pflege-Tipps stehen dabei ebenso auf dem Programm wie die Sprache der Hunde und der richtige Umgang im Freien und in der Wohnung. Spielerisch und leicht verständlich präsentiert Kirchberger auch im WIFI-Kurs jene Inhalte, die zukünftige Sachkundetrainer laut Oberösterreichischen Hundehaltegesetz an die Besitzer weitergeben müssen. (Termine im Internet.)

Edith Anna Kirchberger
Teichstrasse 18
A – 4632 Pichl bei Wels
Tel.: 0 72 47 – 83 26, Fax: DW4
Handy: 06 64 – 4 20 47 30
office@hunde-kirchberger.at
www.hunde-kirchberger.at

Jürgen Höller

Jürgen Höller wuchs in bescheidenen Verhältnissen auf. Im Alter von 7 Jahren fasste er den Entschluss, „Millionär“ zu sein, wenn er erwachsen ist. Im Alter von 19 Jahren eröffnete er sein erstes Geschäft. Danach Eröffnung weiterer drei Unternehmen, denn – so dachte er damals – „auf einem Bein steht sich's schlecht“. So kam, was kommen musste: Mit 21 Jahren stand er kurz vor der Pleite. Er musste drei seiner vier Unternehmen abgeben, konnte nur eines retten. In den folgenden zwei Jahren durchlebte er die – bis dahin – größte Krise seines Lebens. Er stand kurz vor dem Konkurs, bekam größte Probleme mit seiner Gesundheit, seine Beziehung zerbrach und er stellte fest, dass er plötzlich auch keine Freunde mehr hatte.

Eines Tages las er durch Zufall ein Buch über Erfolgstechniken, setzte einiges daraus um – und zu seiner Überraschung funktionierten diese Strategien sogar. Durch ständig neue Erfolge ermutigt, beschäftigte er sich immer intensiver mit der Frage: „Was ist der Unterschied zwischen erfolgreichen und erfolglosen Menschen?"

Diese Frage ließ ihn nicht mehr los und sorgte dafür, dass er sich nun seit 1985 mit dem Studium der Erfolgsgesetze beschäftigt. Ca. 1.000 Bücher und 150 Audio- und Video-Programme hat er seitdem durchgearbeitet. Über 150 Seminare besuchte er, immer in dem Bestreben, sich höher- und weiterzuentwickeln. Nachdem er seine Strategien in seinen eigenen Unternehmen in der Praxis erfolgreich umsetzte, gründete er 1989 die Inline Unternehmensberatung. Zu Beginn war Inline spezialisiert auf Freizeitanlagen. Nachdem Inline im Jahr 1991 absoluter Weltmarktführer in diesem Beratungssegment war, wurde sein System auch auf andere Bereiche erfolgreich ausgeweitet.

Ab 1991 bot er Seminare für Führungskräfte an. Zunächst exklusiv für die Berater-Kunden, doch aufgrund von Bitten und Nachfragen der Seminarteilnehmer schließlich auch für den freien Markt. 1993 veröffentlichte er sein erstes Buch „Sicher zum Spitzenerfolg", das für Furore sorgte und sein erster Bestseller wurde. Die Nachfrage nach seinen Seminaren entwickelte sich so gut, dass er sich 1994 entschloss, die Inline Unternehmensberatung an Lizenznehmer abzugeben und sich ausschließlich auf seine Seminartätigkeit zu konzentrieren.

Seitdem veröffentlichte er insgesamt 25 Bücher, Audio- und Video-Kassetten, darunter den Bestseller „Sprenge deine Grenzen", die eine Gesamtauflage von mehr als 1 Million erreichten.

Life Learning E.K.
Seminare und mehr ...
Schulstraße 93
97525 Schwebheim
Tel.: 0 97 23-9 37 09 50
Fax. 0 97 23-93 68 49
life@juergenhoeller.com
www.juergenhoeller.de

Danksagung

Als erstes möchten wir uns bei Frau Katharina Aberle bedanken, die für uns die beste Verhaltenstherapeutin und Physiotherapeutin ist. Ihr Fachwissen ist unglaublich und bereicherte die Arbeit außerordentlich. Mit ihrem profunden Wissen war sie eine unermessliche Hilfe, auch für dieses Buch.

Ein besonderes Dankeschön gebührt auch Frau Elisabeth Raab. Sie war eine wunderbare Unterstützung, die das Buch in den Anfangsphasen betreute.

Ein weiteres herzliches Dankeschön an unsere Agentin, Frau Christel Meraner, sowie an den Kosmos Verlag, der dieses außergewöhnliche Projekt durch die Veröffentlichung unterstützte.

Service

Zum Weiterlesen

Beck, Peter: Das Beste für meinen Hund. Profitips für Hundefreunde. Kosmos, Stuttgart 2000.

Becvar, Dr. Wolfgang: Naturheilkunde für Hunde. Grundlagen, Methoden, Krankheitsbilder. Kosmos, Stuttgart 2003.

Biber, Vera: Hilfe, mein Hund ist unerziehbar! Verhaltensänderung durch Futterumstellung, Erfahrungen und Ratschläge. Hartmut Becker Verlag, Kirchhain 1999.

Coren, Stanley: Die Geheimnisse der Hundesprache. So lernen Sie Ihren Hund verstehen und mit ihm zu kommunizieren. Kosmos, Stuttgart 2002.

Durst-Benning, Petra und Carola Kusch: Der große Spiele-Spaß für Hunde. 60 Spiele für drinnen und draußen. Kosmos, Stuttgart 1997.

Feddersen-Petersen, Dr. Dorit: Hundepsychologie. Sozialverhalten und Wesen, Emotionen und Individualität. Kosmos, Stuttgart 2004.

Feltmann-von Schroeder, Gudrun: Die Kunst, mit dem Hund zu reden. Ein erfolgreicher Weg für Erziehung und Beschäftigung. Kosmos, Stuttgart 2003.

Feltmann-von Schroeder, Gudrun: Welpentraining mit Gudrun Feltmann. Der gute Start. Kosmos, Stuttgart 2000.

Führmann, Petra und Iris Franzke: Erziehungsprobleme beim Hund. Verhaltensprobleme verstehen und lösen. Kosmos, Stuttgart 2004.

Führmann, Petra und Nicole Hoefs: Erziehungsspiele für Hunde. Kosmos, Stuttgart 2002.

Gebhardt, Heiko und Gert Haucke: Die Sache mit dem Hund. 100 Rassen kritisch unters Fell geschaut und viele Tipps, wie

man sich den Hund zum Freund macht. Heyne, München 1999.
Harries, Brigitte: Ein Welpe kommt ins Haus. Kosmos, Stuttgart 2002.
Harries, Brigitte: Hundesprache verstehen. Kosmos, Stuttgart 1998.
Harries, Brigitte: Kenne ich meinen Hund? Kosmos, Stuttgart 2004.
Hertrich, Hans-Günter: Hundespaß Agility. Kosmos, Stuttgart 1998.
Hoefs, Nicole und Petra Führmann: Das Kosmos-Erziehungsprogramm für Hunde. Kosmos, Stuttgart 1999.
Hoefs, Nicole, Petra Führmann und Perdita Lübbe-Scheuermann: Das Kosmos-Erziehungsprogramm für Hunde. Video. Kosmos, Stuttgart 2001.
Jones, Renate: Aggressionsverhalten bei Hunden. Kosmos, Stuttgart 2003.
Jones, Renate: Welpenschule leichtgemacht. Kosmos, Stuttgart 2002.
Kejcz, Yvonne: Hundehaltung. Kosmos, Stuttgart 2001.
Kössner, Christa: Mein Haustier spiegelt … mich! Ennsthaler, Steyr 2002.
Krämer, Eva-Maria: Der neue Kosmos-Hundeführer. Kosmos, Stuttgart 2002.
Kusch, Carola: Die Hündin. Wesen, Verhalten, Pflege, Gesundheit. Kosmos, Stuttgart 2004.
Lausberg, Frank: Erste Hilfe für den Hund. Kosmos, Stuttgart 1999.
Merklin, Lily: Dogging – fit mit Hund. Kosmos, Stuttgart 2003.
Moore, Arden: Pizza Pansen und 50 weitere Rezepte für Hunde. Kosmos, Stuttgart 2002.
Narath, Elke: Massage für Hunde. Kosmos, Stuttgart 2004.
Nijboer, Jan: Hunde erziehen mit Natural Dogmanship. Buch und Video. Kosmos, Stuttgart 2002.
Otterstedt, Carola: Tiere als therapeutische Begleiter. Kosmos, Stuttgart 2001.

Pietralla, Martin: Clickertraining für Hunde. Kosmos, Stuttgart 2003.

Pryor, Karen: Positiv bestärken, sanft erziehen. Die verblüffende Methode, nicht nur für Hunde. Kosmos, Stuttgart 1999.

Rakow, Dr. Barbara: Der homöopathische Hundedoktor. Kosmos, Stuttgart 2002.

Rugaas, Turid: Calming Signals. Die Beschwichtigungssignale der Hunde. Animal Learn Verlag, Grassau 2001.

Rustige, Dr. Barbara: Hundekrankheiten. Kosmos, Stuttgart 1999.

Schöning, Dr. Barbara: Hundeverhalten. Kosmos, Stuttgart 2001.

Schöning, Dr. Barbara, Nadja Steffen und Kerstin Röhrs: Hundesprache. Kosmos, Stuttgart 2004.

Stein, Petra: Bach-Blüten für Hunde. Kosmos, Stuttgart 2002.

Tammer, Isabell: Hundeernährung. Kosmos, Stuttgart 2000.

Tellington-Jones, Linda und Sybil Taylor: Der neue Weg im Umgang mit Tieren. Kosmos, Stuttgart 1993.

Tellington-Jones, Linda: Tellington-Training für Hunde. Das Praxisbuch zu TTouch und TTeam. Kosmos, Stuttgart 1999.

Tellington-Jones, Linda: Tellington-Training für Hunde. Video. Kosmos, Stuttgart 2001. Kosmos, Stuttgart 2002.

Theby, Viviane und Michaela Hares: Agility. Kosmos, Stuttgart 2003.

Toll, Claudia: Tierheimhund und Streuner. Kosmos, Stuttgart 2002.

Whitehead, Sarah: Das Hundebuch für Kids. Kosmos, Stuttgart 2002.

Winkler, Sabine: Hundeerziehung. Kosmos, Stuttgart 2000.

Winkler, Sabine: So lernt mein Hund. Kosmos, Stuttgart 2001.

Wolf, Dr.: Tiersprechstunde für Hunde. Kosmos, Stuttgart 2003.

Wright, John C. und Judi Wright Lashnits: Wenn Hunde machen was sie wollen ... und wie man sie davon abbringt. Kosmos, Stuttgart 2001.

Zvolsky, Norma: Die Kosmos-Retrieverschule. Grunderziehung und Dummytraining. Kosmos, Stuttgart 2002.

Nützliche Adressen

Wenn Sie einen Rassehund suchen, finden Sie Adressen der Rassezuchtvereine und Rasseclubs auf den Homepages der nationalen Verbände:

Verband für das Deutsche Hundewesen VDH e.V.
Westfalendamm 174
D-44141 Dortmund
Tel.: 02 31-56 50 00
Fax: 02 31-59 24 40
Info@vdh.de
www.vdh.de

Österreichischer Kynologenverband ÖKV
Johann Teufel-Gasse 8
A-1230 Wien
Tel.: 01-8 88 70 92
Fax: 01-8 89 26 21
office@oekv.at
www.oekv.at

Schweizerische Kynologische Gesellschaft SKG
Länggassstr. 8
CH-3001 Bern
Tel.: 0 31-3 06 62 62
Fax: 0 31-3 06 62 60
skg@hundeweb.org
www.hundeweb.org

Wenn Sie Hundeausbilder oder Erziehungskurse suchen:

Berufsverband der Hundeerzieher und Verhaltenstherapeuten (BHV)
Aussiedlerhof Reiterhohl
D-665817 Eppstein
Tel.: 0 61 98-50 13 71
Fax: 0 61 98-50 13 73
www.bhv-net.de

Gesellschaft für Tierverhaltenstherapie (GTVT)
c/o Dr. H. Bernauer-Münz
Blankenfeld 29
35578 Wetzlar
Tel.: 0 64 41-7 42 45
hbmuenz@aol.com

Katharina Aberle
Verhaltenstherapeutin und Physiotherapeutin
Wienerstr. 203
A-2103 Langenzersdorf
katharina@gesundestier.at
Tel.: 06 67-4 44 67 60 oder 06 64-4 11 10 01

Wenn Sie ein Antipanik-Seminar bei der Autorin machen möchten:

Edith Anna Kirchberger
Teichstrasse 18
A-4632 Pichl bei Wels
Tel.: 0 72 47-83 26
office@hunde-kirchberger.at
www.hunde-kirchberger.at

Wenn Sie den TTouch kennen lernen möchten:

TTEAM Deutschland
Bibi Degn
Hassel 4
D-57589 Pracht
Tel.: 0 26 82-88 86
Fax: 0 26 82-66 83
gilde@tteam.de
www.tteam.de

TTEAM Österreich
Martin Lasser
Spitalgasse 7
A-2540 Bad Vöslau/Gainfarn
Tel.: 06 64-1 25 02 52
tteam.office@aon.at
www.tteamoffice.at

TTEAM Schweiz
Cornelia Gerber
Sonnhaldenrain 16
CH-3250 Lyss
Tel.: 0 32-3 85 38 05
Fax: 0 32-3 85 38 06
gilde@tteam-ttouch.ch
www.tteam-ttouch.ch

Wenn Sie eine CD von Rosmarie Gura bestellen möchten:

Rosemarie Gura
Stiftspfarrhof
A-4760 Raab 120

Wenn Sie Nydhartinger Moortränke bestellen möchten:

Tierklinik Wels
Lokalbahnplatz 5
A-4600 Wels
Tel.: 0 72 42-5 55 71
www.tierklinik-wels.at

Register